見習いカメラマンのけいくんが

年収1億円を稼ぐ
月3分投資

山下 勁【著】
Kei Yamashita
副業アカデミー【監修】

はじめに

サラリーマンになりたくない。

時間に拘束されない自由な生き方をしたい。20歳のとき、ボクはそう思い、株取引で生きてゆく道を選びました。そして現在、生活費のほとんどを株式投資で稼いでいます。

株トレーダーというと1日中、部屋にこもり、何台ものパソコンモニターに張りついて、上下する株価とにらめっこ、絶えず売り買いをしている姿を想像されるかもしれません。

でも、それは大きな間違いです。

週休4、5日の自由な時間が欲しくて、投資家になったのに株取引のために時間を拘束されるなんて！

おかしな話だと思いませんか？

日中の株価は見ない。こまめに売買をしない――極力、**「何もしない」のがボクの投資スタイル**です。

ところが、日に何度も株価をチェックすること、こまめに何度もトレードすること……つまり時間と労力をかけて、運用回数も多いほど稼げると思っている人が、世の中には多いようです。ひと月に数十回もトレードして、小さな利益を積み上げていくのが「上手なトレード」だという人がかなりいるのです。

でも、もしも月にたった2、3回しかトレードをしないで、月利5％、元金50万円が10年後には1億円を超えるまで（Part2で詳述）稼げたらどうでしょう？

素晴らしいと思いませんか？

パソコンに張りつく必要はないし、サラリーマンなら会社勤めの片手間にできます。それで十分な生活費が稼げれば、時間にもお金にもゆとりのある生活が送れます。

今のところ、ボクは**月に3回ぐらいの売買で、年間1億円以上の利益**を上げています。

スマホで株価をチェックして、売買の発注をして約定《やくじょう》するまで1分もあればOK。極論すれば、**ひと月3分で「年収1億円超え」**といえます。

年収1億円のトレードは「何もしない」

少ない運用回数で利益を上げるため、ボクは売買にルールを決めています。

まず、移動平均線や前の高値・安値などで、現在の株価が「横ばい」「上昇」「下落」なのかを見極め、その後、株価がどのような局面に入るかを予測します。そして、複数の条件が揃って初めて「売り」「買い」の判断を下し、トレードします。

複数の条件が揃わなければ、本当に「何もしない」のです。

単に「ゴールデンクロス」あるいは「デッドクロス」しただけでは売買しません（移動平均線の短期と長期の交差を見るやり方で、ゴールデンクロスは上昇、デッドクロスは下落のサインといわれています）。

複数の条件が揃うということは、予測の精度が高くなるということです。「上昇と思って買ったのに、下落トレンドの一時的な上昇だった……（泣）」などというミスはほとんどありません。さらに、**上昇あるいは下落トレンドの初動で売買していますから、利益も大きい**のです。

最小限の労力で、最大限の投資効果を上げているというわけです。

でも！　誤解しないでください。そして、これだけは意識しておいてください。**「何もしない」ためには、勉強が必要**だということを。

勉強した先に待っているのは、夢の実現！

毎日、チャートを見て株価の動きを予測する——それが勉強です。

チャートは、日経225全銘柄です。最初は時間がかかります。ですが、慣れてくれば15分で225全銘柄がチェックできるようになります。そうなればしめたもの。「何もしない」で、「年収1億円」が見えてきます。

「えっ、信じられない！」

そんな声も聞こえてきそうですが、十分な根拠があります。根拠は「実例」と言い換えてもいいでしょう。

本書では、ボクのセミナーでトレードの勉強をし、今では1億円以上の利益を上げている人たちが、実際に行ったトレードを紹介しています。

彼らは特別な能力を持った人たちではありません。ごくごくフツーの人たちです。お金を投入する前に勉強して、その後も毎日勉強をしているだけです（とはいえ、勉強の継続はなかなか難しいのですけどね）。

しかし、努力さえすれば、彼らのように少ない運用回数で大きな成果を上げられるようになるのです。

実例には、成功例ばかりでなく、失敗例もあります。失敗例はまさに「投資あるある」……誰もが陥りやすい失敗です。

本書では、ボクの生徒さんの中から、３人の事例を失敗と成功の「ケーススタディ」として紹介していきます。

株取引ビギナーはもちろん、利益を上げられない中・上級者にとっても、参考になる実例とワンポイントを解説していきます。おそらく株取引の経験が長い人ほど、「目からウロコ」の新しい発見があるに違いありません。

生徒さんたちの軌跡を読めば、「月３分の投資で、１億円は夢ではない。勉強さえすれば実現可能だ」ということがわかっていただけると思います。

さあみなさんも、ボクたちと一緒に、勉強しましょう！

ちょっとだけ自己紹介

みなさん、こんにちは！

あらためまして、著者の山下勁《けい》です。

この本で初めてボクのことを知った方に、ちょっとだけボク自身のことをお話しさせてください。

今から10年ちょっと前、大学生の頃、ボクは親元を離れ、アパートで一人暮らしをしていました。その当時、家賃は親が払ってくれ、仕送りとアルバイトでそれなりに収入があり（収入のすべてを自由に使える！）、かなり恵まれた状況にありました。

ところがある日、お気楽な大学生だったボクを、奈落の底に突き落とすような電話が父からありました。

「社会人になったら、仕送りはしないからな！」

そう父から言われて、ボクは全身に恐怖が走りました。

「え―――っ!!　会社員になって稼がなくては、生きてゆけなくなる!?」

当然、会社員になれば自由な時間はなくなります。終身雇用といっても、絶対にその会社に居続けられる保証はどこにもありません。その2つが会社勤めはイヤだと思った大きな理由です。

「生活費を稼ぐ手段は、会社勤めだけじゃない！」

そう考えたボクは、当時なんとなく遊びでやっていた株取引を究めて、しっかり稼ごうと決心しました。

そして幸運なことに、ある優良企業に投資したところ、50万円の元手が600万円になったのです。しかし、これは勘に頼ったビギナーズラックにすぎませんでした。

そこで**勘や幸運ではなく、根拠と再現性のあるトレード手法**を確立しようと思い、**「チャート」**に目をつけたのです。

軟禁生活から誕生した「チャートで稼ぐ」投資術

株式投資でビギナーズラックを引き当てるという経験をした当時、ボクは一緒に住んでいた彼女に軟禁されるという、ちょっとユニークな体験をしています。

アパートのロフトに軟禁されながら（彼女が出かけるときにハシゴを外され）、毎日、チャートを見続けるという生活を2年間も続けていました。すると、あるときから株価の動きが予測できるようになったのです。

そして……今日のボクがあります（このあたりの経緯は、前作『中華屋アルバイトのけいくんが年収1億円を稼ぐ　1日1分投資』に詳述していますので、興味のある方はぜひ、そちらもあわせてお読みください）。


さて、前作でボクは「中華屋アルバイトのけいくん」でした。それが今回は「見習いカメラマン」になっています。

ボクは安定した収入を株式トレードから得ていますが、人との触れ合いを楽しみたくて、知人の手助けをしています。以前は中華屋さんでのアルバイトでしたが、今はカメラマンの助手として、カルチャースクールなどで授業風景の動画を撮影する手伝いをしています。このアルバイトのいいところは、仕事をしながら、身になる授業が聞けることです。当分、カメラアシスタントの仕事を続けるつもりです。

フツーの個人投資家でも、月収100万円のトレーダーに

では、本書の紹介に移りましょう。

プロローグでは、トレードの実例を提供してくれた、ボクの生徒さん3人を紹介します。少しユニークですが、みんなフツーの人たちです。**フツーの個人投資家でも、正しい勉強次第で、月に100万円単位で稼げる投資家に**なれます。

Part1では、ふだんは「何もしない」で、株でしっかり利益を得るためのセオリーをレクチャーしたいと思います。

Part2以降は、ネコのセミナーレポートや生徒さん3人の投資事例を紹介しながら、トレーダーが陥りがちなワナ、実は利益を得るよりも大事な「損をコントロールする技術」「何もしない」ことの重要性などをお伝えしていきます。

本書を手に取ったみなさんは、**「年収1億円」へつながるウィニングロード**に一歩足を踏み出したのと同じです。ぜひこの機会をムダにせず、**最小限の運用回数と時間で、最大限に稼ぐテクニック**を学び、身につけていただければ幸いです。

さて、ボクは最小限の手間で、
最大限の投資効果を上げています。
日中の株価は見ないし、
こまめに売買もしません
えっ、ふだんは何もしないの!?
それで儲かるなら万々歳！

「何もしない」ためには
正しい勉強が必要です。
本書では、その勉強法を
レクチャーしていきましょう！

ネコもお供しますよ。
なぜ、ネコが登場するのかって？
ネコは「招き猫」といって、
幸運やお金を招く
縁起のいい生き物だからです

Part 1 儲ける投資家ほど「何もしていない」という事実

Part 2

1億円への道が開けた！ネコのセミナーレポート

Part 3

これだけでも勝てる！8つのチャートパターン

Part 4

大卒ニートの林くんの初トレードは「空売り」から！

Part

5

美馬さんの「完璧すぎるトレード」の舞台裏

Part

6

「明日の奇跡」にすがった岩城さんの結末

Part 7

チャートクイズで売買のタイミングを見極めよう！

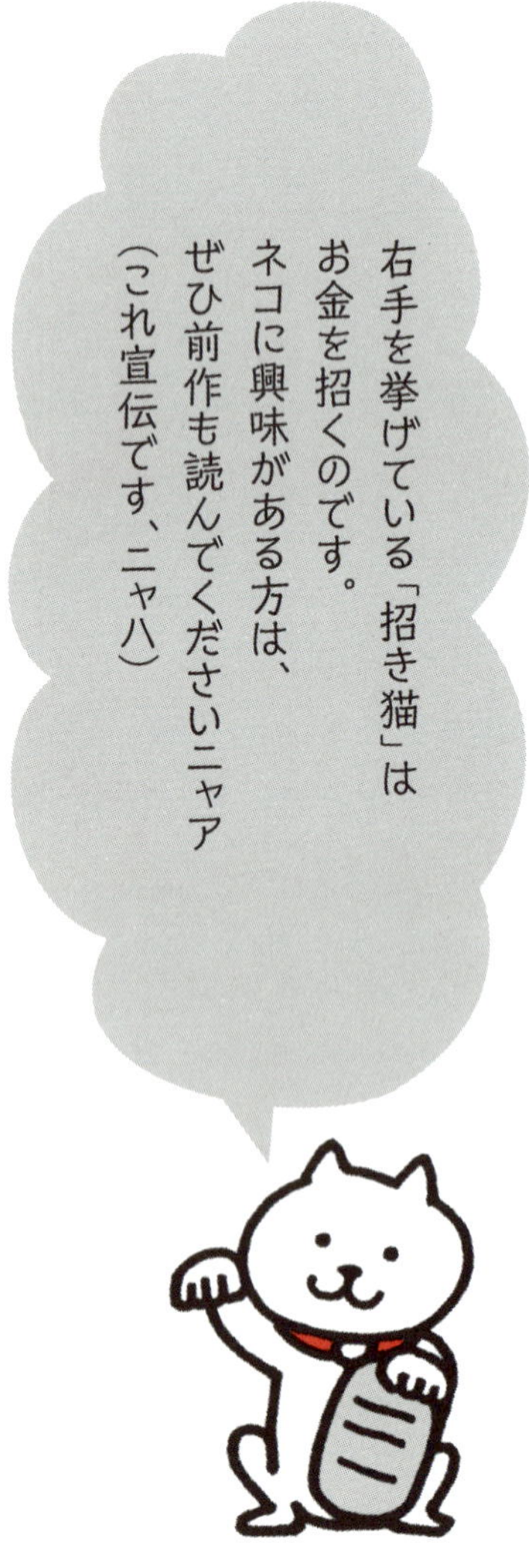
右手を挙げている「招き猫」は
お金を招くのです。
ネコに興味がある方は、
ぜひ前作も読んでくださいニャア
（これ宣伝です、ニャハ）

Part

1

儲ける投資家ほど「何もしていない」という事実

『成功者の定義は、人生を楽しむ時間を持てること』

「何かで成功した方ですか？」

東南アジアでリゾートを楽しんでいたときのことです。ラグジュアリーなホテルのラウンジで見知らぬ人から声をかけられました。とても上手な日本語で、声をかけてきた方は華僑（海外に移住した中国人）だそうです。

そのときのボクは、陽光に満たされたオープンエアのロビーでゆったりしたソファに座り、涼しい風に吹かれながら……何をしていたと思いますか？

「ポケンモンＧＯ」です。ごく普通の身なりでした。周囲に日本人はいません。夏休みや年末年始、大型連休などで日本人が一斉に海外旅行に出かけるシーズンではなかったからです。

実はこんな質問をされることは、海外のリゾートホテルではときどきあるのです。

そこで、ボクはその方に「なぜ、そんなことを聞くのですか？」とたずねてみました。

「バケーションのシーズンでもないのに、その若さでリゾートに来て、楽しんでいるなんて、成功した人としか思えないからです」

そう答えてくれました。称賛の微笑みさえ浮かべて。


でも、日本のホテルだと、そうはいきません。宿泊者専用ラウンジで、平日の昼間にジャージを着て「ポケモンＧＯ」をしていると微笑みどころか……。

「いい若い者が昼間からゲーム？」

「平日昼からぶらぶらして……ちゃんと働かなきゃ将来困るぞ！」

そんな非難めいた視線を浴びることすらあります。

それどころか、スマホの画面上を高速で指を滑らせる操作をしていると、ボクのまわりからサーッと人がいなくなることも……。高級ホテルで昼から「ポケモンＧＯ」をしていると、「得体の知れないあぶないヤツ」と思われてしまうようなのです。

海外と日本での反応の違いはなんでしょう？

「働く」ことに対する考え方の違いだと、ボクは思います。

『自分が働くのではなく、「資産」に働いてもらっちゃおう！』

日本では「働く」といえば——デスクワークでも、肉体労働でも、職種は何でもよいのですが、「人」が作業をすることを意味します。「額に汗して、人が働くことが美徳」という風潮が根強いのです。

ところが、外国では多くの人が「人」だけでなく、**「資産」も働かせることが重要**だと考えます。

ですから、年齢に関係なく、自分があくせく働くのではなく、資産をうまく働かせて、**余裕のある生活ができている人を「成功者」**とみなしているのです。

次ページの図をご覧ください。

「自分が働く」のは、被雇用者や自営業者です。

「資産が働く」のカテゴリーには、「所有権」や「投資」があります。

ボクたちが目指すべき「収入形態」とは?

自分が働く	資産が働く
被雇用者 企業・団体・個人事業主などに雇われて得る収入	**所有権** 不動産や知的財産権(特許権、商標権、著作権)など権利による収入
自営業者 会社経営や個人で事業を営んで得る収入	**投資** 株式、不動産債券、投資信託など投資による収入

投資の中でもチャレンジしやすいのが株式ニャ!

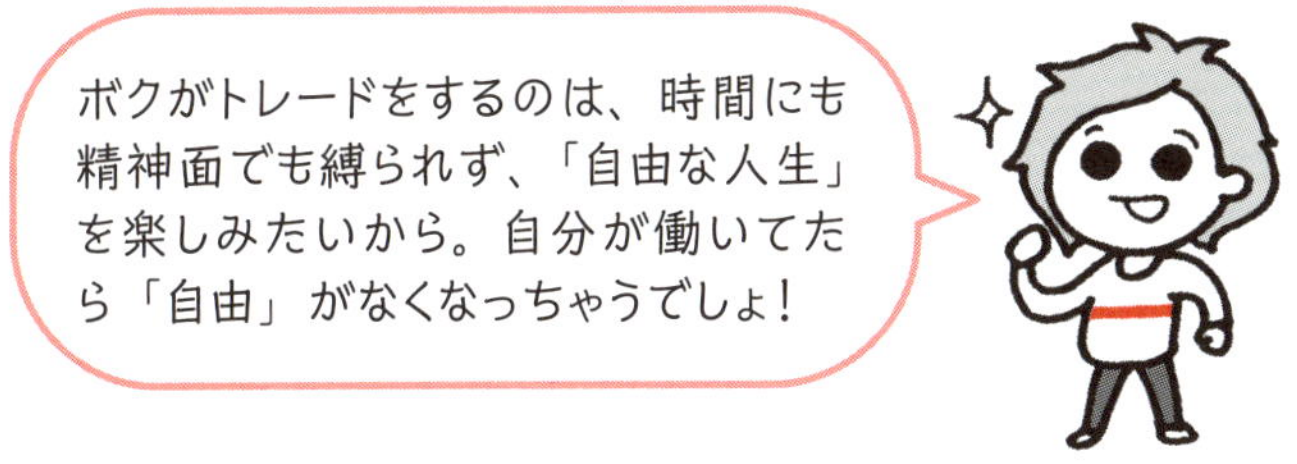
ボクがトレードをするのは、時間にも精神面でも縛られず、「自由な人生」を楽しみたいから。自分が働いてたら「自由」がなくなっちゃうでしょ!

所有権とは、たとえば不動産や特許権、著作権などです。何かの所有権を有し、それが利益を生むという状態です。

「投資」は、株式や不動産、債券（国や公共団体など必要な資金を借り入れるため発行する有価証券）などによる投資があります。

ボクは自由な時間を得るために「株式投資」という手段を選択しました。今は自分自身が遊んでいても、資産が「働いている」生活を送っています。

そうなるため、ボクは勉強をしましたし、努力も重ねました。今も勉強を続けています。

ぜひ、みなさんにも、「自分が働く」だけでなく**「資産が働く」というパラダイムシフト**を図ってほしいと願っています。単に「経済的余裕が生まれる」という以上の人生の変化を実体験できると思います。

生きている間に、もっと人生を楽しむために！

さて、ボクはみなさんに、もっと生きていることを楽しんでほしい、と考えています。最近では、「就活」「婚活」に次いで、人生の終盤を楽しむための「終活」が流行っているそうです。でも、結婚してから人生の終盤を迎えるまでには、長い長い年月が流れますよね。

その間に、**人生を楽しむための「遊活」**があってもいいのに、と思うのです。

ただし、人生を楽しむにはそれなりの資金が必要です。資金があっても自分が働き詰めで、遊ぶ時間がないのでは無意味です。仮に年収が1億円あっても、忙しくて1日3時間しか眠れないし、自分の時間なんて皆無というのでは、人生を楽しんでいることにはならないでしょう。

人生を楽しむ「遊活」のためにも、自分が働くのではなく「資産を働かせる」という価値観を持ってほしいのです。

では、株式投資において「資産を働かせる」とはどのようなことでしょうか？

それはずばり、少ない運用回数で利益を上げるということです。これについては次の項目で詳しく説明しましょう。

『株式相場とにらめっこする投資はもうやめよう！』

最初に断わっておきたいことがあります。

これからレクチャーするのは、**「少ない運用回数で高い利益を得る」**テクニックです。

「株はこまめに売買するほど、利益が積み重なる」

「1日のうちに何回も売買するデイトレードで儲けたい」

などと思っていたら、その考えを今すぐ改めてください！

まったくの考え違いです。

自分の時間を作りたくて、ボクは投資を始めました。ですから、毎日ザラ場（取引時間中の株式相場）に張り付いて売り買いをしたり、デイトレードをしたり、時間を拘束されるようなトレードはしたくありません。

ボクは、前述したように資産に対して次のような考えを持っています。

自分が働いて稼ぐのではなく、資産が働き資産が増えるのが理想の状態だと。

当人が働くというのは「被雇用者＝サラリーマン」と同じです。それでは自由な時間はあまり持てません。しかし、資産が働いてくれれば、自分が稼働する必要はありませんよね？　時間にも精神面でも束縛されません。

資産が働く、それが投資です。

ところが、株式相場とにらめっこするトレードは、自分が毎日働いている状態です。資産が働いているのではありません。

少ない運用回数で成果を上げる、自分自身が能動的に働くのではなく、資産が働いて利益を得る、これが「投資で稼ぐ」という本来の姿だと、ボクは思うのです。

ですから、みなさんも、自分自身ではなく、「資産を働かせる」という投資スタイルを目指してください。それには、運用回数を意識したトレードをしてほしいと思います。

『投資で成果を上げるには、余計なことはしない！』

ここまで、「資産を働かせる」ことと、その効果についてお話ししてきました。

日中、相場に張り付いて、自分の時間を費やしたりしなくても……いいえ、むしろ、相場に張り付かないほうが、株式投資はうまくいきます。

実際、相場で勝っている投資家ほど、頻繁に売買していません。

なぜ、頻繁に売買しなくても利益を上げられるのか？

それは、**余計なことをしていないから**です。

つまり、どこで売買のエントリーをするか？　これから株価の上昇が始まるのか下落が始まるのか？　トレンド予測の精度を高め、「ここぞ！」というポイントで売買しているのです。

「売り」か「買い」か、確かな根拠がなければ、大事なお金を投資しません。根拠のないポイントでは何もしない、ただ、売買のタイミングを待っているだけです。**株式トレードには「売り」「買い」のほかに「何もしない」という判断がとても重要**なのです。このことを覚えてください。

では、どのようにエントリーするポイントを見極めるのでしょうか。

複数の条件が揃うまでは「待て」の姿勢でいい

まず、銘柄選びですが、ボクは決算やファンダメンタルズ（企業の業績分析など）は参考にしません。決算がよくても下がる株はありますし、悪くても上がる株はあります。

よく、銘柄選びの指標としてあげられる「ＰＥＲ（株価収益率）」にしても、低ＰＥＲでもいっこうに上昇しない株もあれば、高ＰＥＲで割高とされる株が上昇トレンドを続けることもあります。

決算書の読み方やファンダメンタルズは知識として知っておく分にはかまわないのですが、それを根拠に銘柄を選んで投資してもなかなか勝てません。

勝てる銘柄を選ぶモノサシとなるのはチャートです。ボクはチャートで売買のサインを見極め、投資しています。そして時価総額3000億円以上、東証一部上場のいわゆる大型株に絞っています（118ページのコラム）。

では、チャートの何を見るのか？

前の高値・安値、節目、移動平均線、横ばい、新値更新など8つのチャートパターンから売買を判断します。このパターンについては、Part3で「旭硝子」のチャートを使ってお話しします。

チャートを使った投資をする場合、大事なことは、**条件が1つだけでは投資しない**ということです。

たとえば、前の高値を抜いただけで上昇トレンドと判断して「買い」、安値を割っただけで下落トレンドと判断して「売り」などと、判断材料が1つしかないときには売買はしないのです。

移動平均線の位置、向き、陽線か、陰線か、高値に並んだのか、抜いたのか、安値を割ったのか……複数の条件が揃わなければ投資しません。

では条件が揃わないときにはどうするのか——**揃うまで「待つ」**のです。

『投資で「待つ」ができると、圧倒的にミスが少なくなる！』

投資で「待つ」というスタンスは簡単なようで、実にできない人が多いのです。

たとえば、急騰した銘柄を見て、これに乗り遅れてはいけないと買ってしまう人。

反対に、下落トレンドだと思ってあわてて売ってしまう人。

しかし、思惑と反対に株価が動いて結局は損切り……**確たる根拠がないのに余計な売買を繰り返して、気がつけば資産が減っていた**というケースは珍しくありません。

これが先ほどお話しした**「余計なこと」**です。

売買をする前には冷静になって、立ち止まって考えてみてください。


「ここは、本当に売買するポイントなのか？」

「売買する根拠は何か？」

「根拠となる条件はいくつあるか？」

それを自問して、考察するのです。**条件が複数揃う銘柄は、そうそうあるものではありません。**

その結果、**運用回数は当然少なく**なります。

しかし、運用回数は少なくても、十分な根拠と考察のうえで投資していますから、**ミスは圧倒的に少なく**なるはずです。また、上昇トレンドあるいは下落トレンドの初動でエントリーできますから、かなりの利益が得られるのです。

何もしないで「待つ」。

この姿勢がいかに大切か、理解していただけたのではないでしょうか。

犬は「待て！」ができるけど、ネコはできない生き物（それで何度、涙を飲んだことか……）。これからは「待て」ができるようになって、余計なことはしないニャ。

「待つ」間に利益を上げるトレーニングを

株で稼いでいるというと「遊んで暮らしている」と、一般には思われているようです。しかし、遊んでいては稼ぐことはできません（笑）。

確かに、会社員のように毎日定時に出勤して働くことはしないし、残業もノルマもなく、時間に縛られることもありません。

その代わり、ボクは「待つ」ことをしている間に毎日、勉強しています。

勉強とはチャートをチェックし、株価の動きを予測するトレーニングです。「日経225銘柄」すべてのチャートを毎日、欠かさずチェックしています。

ボクは20歳のときにｉＰｈｏｎｅ関連株を購入し、ビギナーズラックで50万円が600万円になるという幸運を手にしました。

そこから、投資で収入を得ようと決心したものの、次にトレードを始めるまでに約2年間を要しました。毎日、チャートを見て値動きを考察し、トレードのシミュレーションをしていたのです。そして、株価の動きがある程度予測できるようになってから、ようやく現金を投入するようになったのです。

Ｐａｒｔ３から紹介する生徒たちもみな、チャートを勉強し、トレーニングを積んでから、実際の売買を行っています。そして、今も勉強を続けています。

そうしないと、稼げるトレーダーにはなれませんし、勝ち続けることもできません。

２年間、ボクはチャートを見つめ続けて、その法則性や再現性に気づきました。チャートが読めればシンプルなトレードができます。下がれば買って、上がれば売って利益を確定すればいいのですから。
みなさんも、勉強することでチャートが示す法則性を実感してほしいと思います。

『「空売り」ができない人は、買いの利益確定もできない!?』

毎日、数多くのチャートを見ていればわかることですが、株価の動きには「上昇」「下落」「横ばい」の3つのトレンドがあります。

株価の上昇はゆっくりと（2～3ヵ月）、下がるときは急降下（1～2ヵ月）という傾向があります。下落の期間のほうが短いのは、人は損をしたくない生き物なので、下がり始めたら売り急ぐ人が増えるからなのかもしれません。

さて、単純に考えると、「買い」だけでは年間3、4回ほどの利益確定（利確）しかできません。ところが「売り」ができれば、利確のチャンスは倍になります。

「売り」とは「空売り」のことです。**空売りは、証券会社から株を借りて売る投資法**です。これを「信用取引」といい、独特の投資法です。

投資初心者や初級者の人に、「信用取引はコワいですか？」と聞くと、よく次のような返答があります。

「信用取引はコワい。とくに空売りはコワい！」

信用取引がコワいのは、2つの能力が足りないせい

信用取引では、手持ちの資金の約3倍の取引ができるようになります。手持ちの資金が100万円であれば300万円の取引ができ、200万円は証券会社から借り入れるという仕組みです。

前述の「コワい」というのは、「資金を借りる＝借金をする」ことへの警戒感から出た言葉だと思います。

確かに信用取引にはリスクがあります。借りた資金は返済しなければならないし、利息もつきます。

とくに「空売り」は100万円で売った株が、倍に値上がりしてしまい、買い戻すのに倍の200万円が必要になってしまうといったケースがないとはいえません。また、保証金の不足による「追加保証金（追証）」、あるいは強制決済もあります。

でも、ここで考えてください。

そんな事態に追い込まれるのは、なぜでしょう?

信用取引や空売り自体に欠陥があるのでしょうか?

しかし、ボクも生徒も、信用取引を利用して大きな利益を上げています。もし、信用取引そのものに欠陥があれば、誰もが追証に追われ、悲惨な目に遭っているはずです。

ですが、実際は違います。

つまり、**信用取引や空売りで損出を抱えてしまうのは、「自己管理能力」と「運用能力」がないから**です。すると、この両者を高めれば、信用取引や空売りはコワくない、むしろ、**利用しなければもったいない制度**といえます。

たとえば、信用取引では手持ちの資金の約3倍まで借りられますが、100万円の資金で目いっぱいの300万円まで利用してしまうのではなく、信用取引に慣れるまでは借りるのは50万円にしておくなど、余裕を持った利用の仕方をすればいいのです。

これが**「自己管理能力」**です。

また、**「運用能力」**を磨いて、十分な勉強とシミュレーションをしてから、実際のトレードに臨むべきなのは言うまでもありません。

自己管理能力と運用能力さえ身についていれば、信用取引も空売りもコワがる必要はないのです。

さて、「空売りがコワい」という人に、さらに聞きたいことがあります。

「買った株を利確するときの根拠は何ですか？」

ちょっと考えてみてください。

「これ以上は株価が上がらないはず」

「ここが天井だ」

そう思って、利確するのではないでしょうか？

つまり、上昇から下落へトレンドが変わると予測して売るのでしょう。ということは、**その利確ポイントが、空売りポイント**だと思いませんか？

「買い」と「売り」の両方のポジションで利益が出せれば、素晴らしいですね。

資産を働かせることの成果が、倍になるのですから！

『下落時は「空売り」で反撃！予測が外れても負けなくなる』

空売りができると、上昇トレンドでも、下落トレンドでも利益が出せるとお話ししました。

しかし、空売りのメリットはそれだけではありません。

上昇トレンドを見極めて買った株が下落したとき、保有株は手放さず、同じ銘柄で空売りをします。そして下落トレンドが上昇に変わったら、空売りを買い戻し、利益確定をします。

反対に、空売りしていた銘柄が上昇トレンドになったら、「買い」を入れればいいのです。**空売りができれば、トレンドがどのように変化してもリスクを回避すること**ができます。

「売り」と「買い」は、たとえれば「盾《たて》と鉾《ほこ》」です。攻められたとき、攻めに行くときの両方に対応できてこそ、「株式市場」という戦場で戦えるのです。

戦場に出るのに、盾が重いから置いていく、あるいは、鉾がとがってコワいから必要ない……なんてことはないですよね。守りと攻めの「防具」と「武器」があるから、戦場に出ていけるわけです。戦場では、攻守のどちらにも対応できる戦士しか勝ち残れません。

ネコが持っているのは、盾と鉾ニャ。
株式市場では、攻めても守っても、
臨機応変に対応できるトレーダーだ
けが生き残るニャ

株価が下っても儲かる仕組み「空売り」

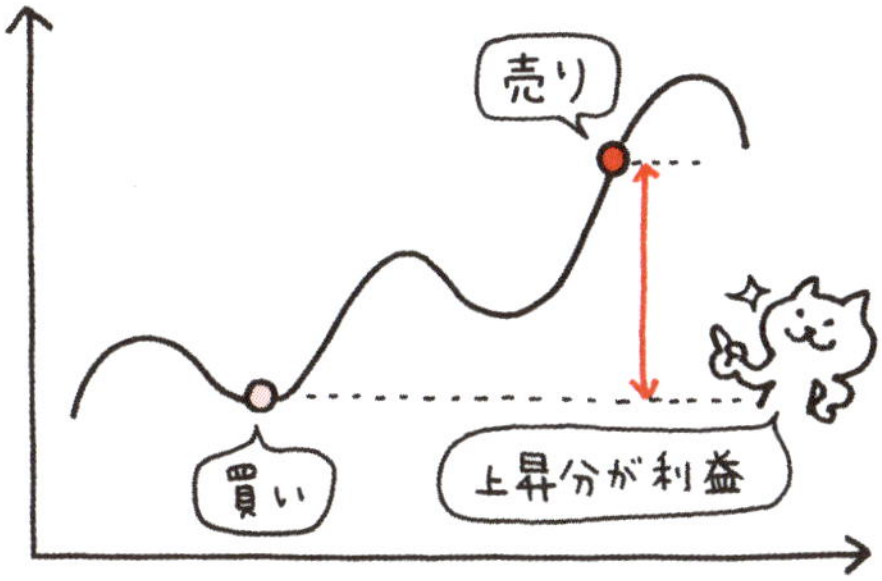

一般に「株式投資」というと、株を買って株価が高くなったところで売って、「値上がり益」を得るイメージですよね

下がっても…

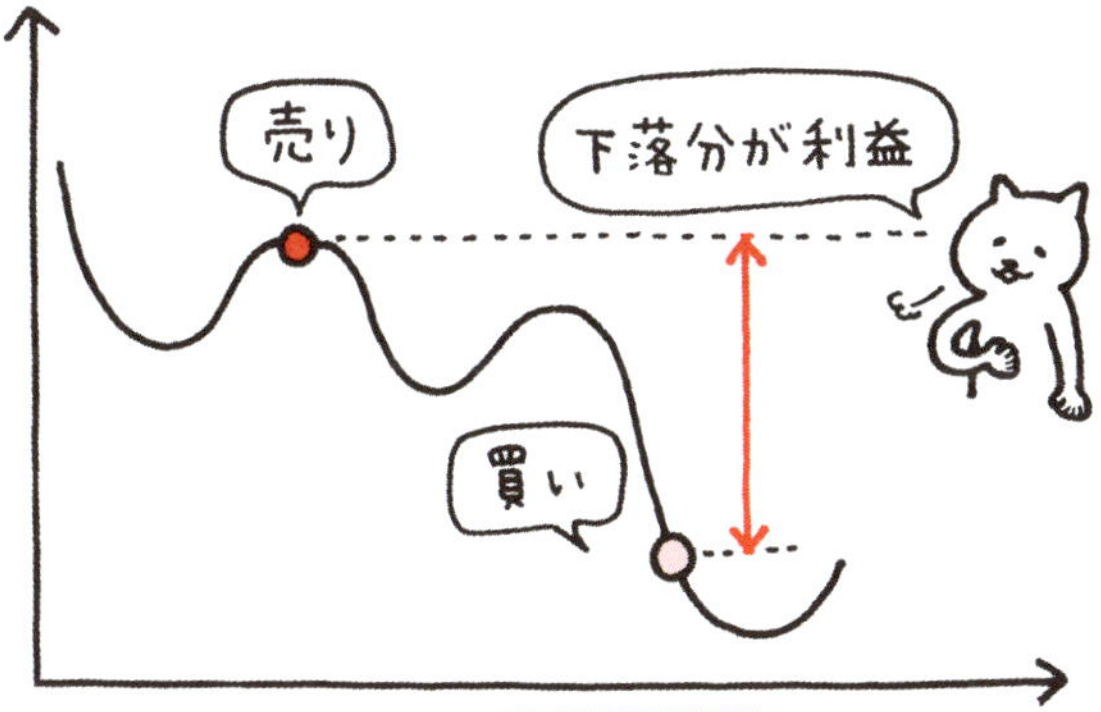

こんなふうに株価が下がっても儲かる仕組みがあることを覚えておいてください！

同じように、**「株式市場」という戦場でも、株価が上がっても下がっても、どちらにも対応できるトレーダーが最も戦利品を得られて勝ち残ります。**

とはいえ、決して信用取引や空売りはコワくないから、どんどん利用しなさいとすすめているわけではありません。

自己管理能力や運用能力（投資の実力）がないのに利用すれば大きなリスクになることを忘れないでください。

Part

2

1億円への道が開けた！ネコのセミナーレポート

『受講者は真剣、講師はゆるい……ネコのセミナーレポート』

ボクは、自身が確立した投資テクニックをレクチャーするセミナーを毎月、開催しています。これからＰａｒｔ４～６で紹介するトレードの実例は、このセミナーで勉強している生徒さんたちが過去に行ったトレード履歴です。

実は、前作にも登場したネコくんが、どんなセミナーなのか、気になると前々から言っていました。

そこで、ネコくんに、ある日の初心者セミナーに参加してもらいました。

ネコくんは、これからトレードをしていくうえでとても参考になる話が多かった、それを読者のみなさんに伝えたいそうです。

……というわけで、次から、ネコくんがセミナーのレポートをお届けします。

ネコくん、どうぞ！

けいくんのセミナーをネコがレポート

みなさん、こんにちは。ネコです。

では、某所で開かれたけいくんのセミナーをレポートしますニャ。

会場のドアを開けると、けいくんが生徒さんを迎えていた。

セミナーの講師だから、ビシッとスーツなんか着て、威張っている姿をちょっと想像していたけど、そこにいたけいくんは、普段着のまんま。あいさつも雰囲気も、ゆる〜い、かる〜い、いつものけいくんだった。

どんな人たちが集まっているのか、会場に来た人に話を聞くと、退職したあとの資産運用を考えている年配の方もいたけど、サラリーマン、ＯＬさん、看護師さん、フリーライター等々、職業を持っている人がほとんど。

ネコの隣に座ったＯＬさんは、投資には興味があるけど経験はナシ。でも、ゆとりある生活を送るために、ちょっとしたおこづかいを稼ぎたいんだって。株式投資なら、仕事をしながらできるので、このセミナーに参加することにしたのだとか。

さて、時間が来て、まず、けいくんの自己紹介。軟禁されてトレード手法を確立した話には、みなさん興味シンシンって顔つきで聞き入っている。

次に、投資に対する考え方をけいくんが語った。

「株のノウハウ書の中には、株価が10倍になる銘柄の見つけ方――なんて書いてある本がありますが、そんなことは考えないでください。

ＪＡＳＤＡＱやマザーズなど新興市場には、将来10倍になる株がないとは言い切れません。でも、将来って何年後ですか？　そして将来、株価が10倍になるっていう根拠は何でしょうか？」

会場はシ～ンとしている。

「ボクのセミナーでは、そんなことはレクチャーしません。

投資する銘柄は東証一部の大型株です。値動きの荒い小型株に投資して、数倍になるのを期待するといったギャンブルのようなことはしません。ボクがレクチャーするのは、**コツコツと利益を着実に上げていくテクニック**です」

ネコは「コツコツより小型株で一獲千金のほうが、夢があるニャ」なんて思ってしまった。もしかすると会場にも、ネコと同じ考えを抱いた人がいたのかもしれない。どこからか、「コツコツかあ……」なんてため息にも似たつぶやきが聞こえたような気がした。

ところが、次のけいくんの言葉に、会場が「おお！」とどよめいた。

ネコの耳もヒゲも尻尾もピンと立った！

イヤ、全身の毛が逆立った！

「**50万円が10年後に1億7000万円に**なります」

さらりとけいくんが言い放ったのだ。

ニャニャニャニャニイッ!!

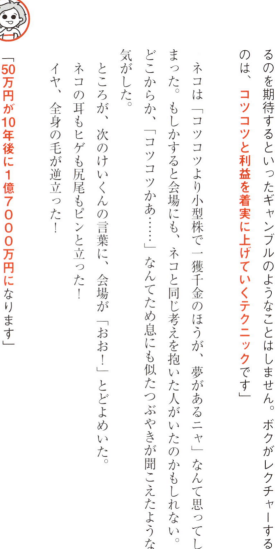

『50万円の元金が10年後に1億７０００万円になる！』

「ボクのテクニックをきちんと学び、半年間シミュレーションして、実戦に臨めば50万円の初期投資が10年後には1億７０００万円になるのです」

けいくん、ちょっと言いすぎだよ。サギだと思われちゃうよ。

ネコは心配になった。

「50万円から始めて、**月利５％**で稼ぎ続けていけばいいのです」

つまり、50万円の月利５％は２万５０００円。最初、50万円を投資した月には、50万円を52万５０００円にする。

元金50万円を月利5%の複利で運用した場合

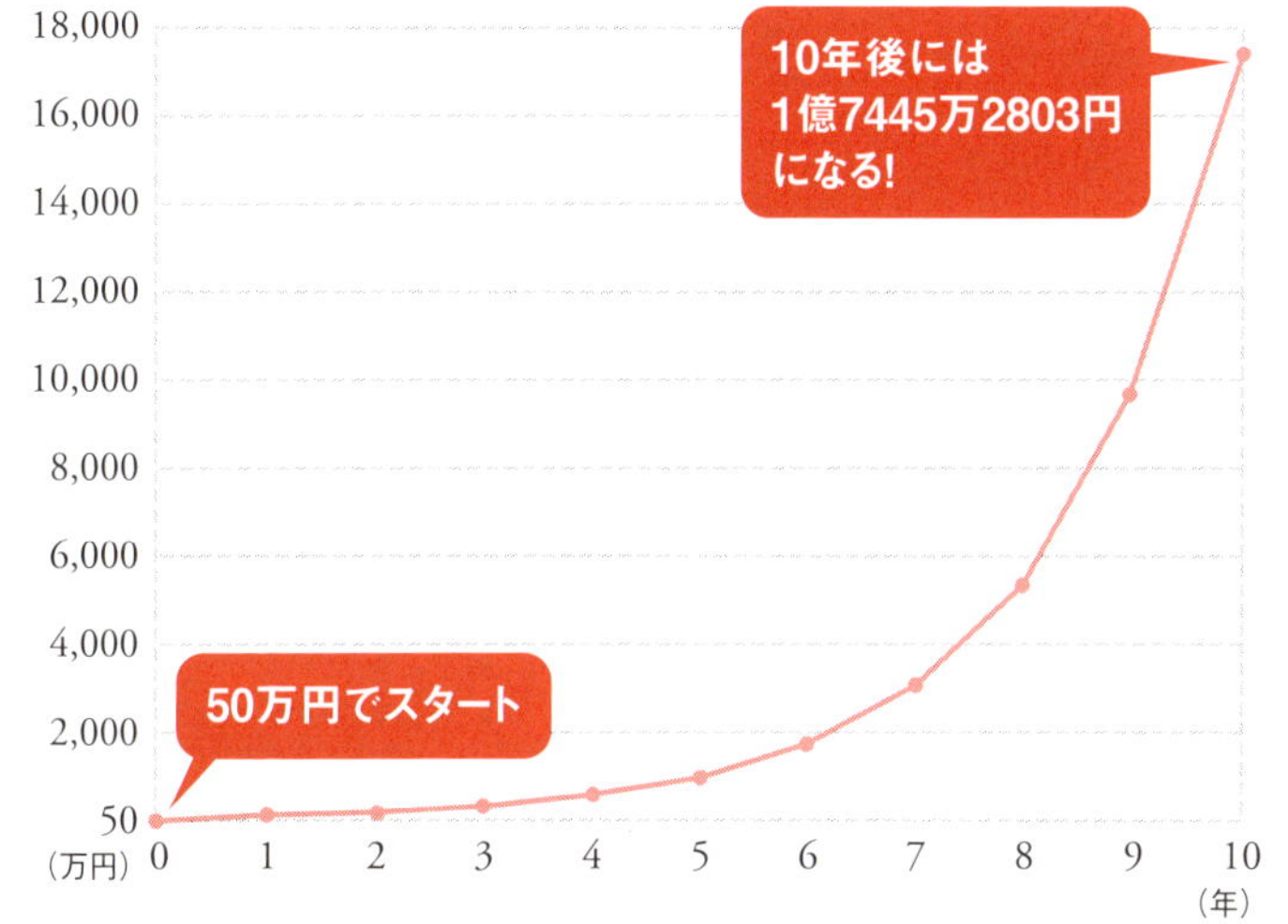
10年後には
1億7445万2803円
になる!
50万円でスタート
18,000
16,000
14,000
12,000
10,000
8,000
6,000
4,000
2,000
50
(万円)
0 1 2 3 4 5 6 7 8 9 10
(年)

経過年	繰越元金
1年後	89万7923円
2年後	161万2531円
3年後	289万5865円
4年後	520万0550円
5年後	933万9432円
6年後	1677万2270円
7年後	3012万0579円
8年後	5409万2223円
9年後	9714万1854円
10年後	1億7445万2803円

ニャンと! 10年後には、1億7000万円を超えるッ!

利息も運用する「複利」は、かのアインシュタインも「宇宙で最強の力」と評したほどのパワーなんだ

翌月は52万５０００円の月利５％だから、55万１２５０円にする。その次は５％の利益を上げると57万８８１２・５円になる。こうして、計算を重ねていくと……９年後には９７１４万円、10年後には１億７０００万円になるのだ!!

「ボクは月利10％での運用を目指していますが、初級者のみなさんには月利５％を目指してほしいのです」

1億円へのまっすぐな道が目の前に開けた！

ネコの目の前に1億円へ通じるまっすぐな道が開けた。

勉強とコツコツの先には大きな夢がある。それをけいくんがレクチャーしてくれるというのだ。

会場は明るい空気に包まれた。

その後、セミナーではけいくん流のチャートを読む解説がいろいろあって、セミナーの受講経験者で専業のトレーダーになった星くんが、チャートを使って売買のシミュレーションをしてみせてくれた。

シミュレーションでは、積水化学の2015年3月からのチャートを使用。1日ごとのローソク足を表示させては、「この日はどうする？」とけいくんがたずねる。それを受けて、Hくんが「買い足します」「何もしません」などと答えていく。

それは驚くほど淡々としたトレードだった。

だって、ほとんどが「何もしません」で、一度売買したら、その後はとにかく動かない。実演した2015年3月から6月の4ヵ月間で、売買をしたのは4回だけ。

この本でけいくんが強調している**「少ない運用回数」**と**「売買できる根拠が揃わなければトレードしない」**をその通りに実演しているのだった。

でもニャ、ほとんど何もしないのに、どんどん利益は積み重なっていく――。

こんなトレードができるようになれば、ネコはゴロゴロしながら、たまにトレードして1億円を貯めることができる！

ガゼン、やる気が起きたのだった。

『就職したくないから投資の世界へ、初実戦まで8カ月勉強した林くん』

セミナーが終わるとけいくんは、別の生徒さん3人に引き合わせてくれた。これからトレード履歴を紹介してくれる3人だ。

どんな人たちなのか、ネコが紹介していくニャ！

最初に会ったのが林くんだ。

「大学4年のとき、就職したくないなあって思って留年したんだ」

うわっ、けいくんと同じだ！　そういえばゆる〜い感じがちょっと似てる。林くんは1993年東京生まれだって。

「働かずに生きていくにはどうすればいいか？　投資の世界はどうかな？　でも、難しそうだな……」

そんなことをぼんやりと考えていた林くんはいとこに相談した。偶然にもそのいとことけいくんが友達同士だった。いとこは「お前、株やるしかないゾ」って、とってもシンプル&ストレートな回答をぶつけて、林くんにけいくんを紹介したのだった。

「それでセミナーへ通うようになったというわけ」

林くんは2016年8月からセミナーに通って勉強を始めた。

けいくんは林くんについて「とても素直」と語っている。

「半年間は実戦しないで、シミュレーションだけしながらチャートを見る勉強を続けてね」というけいくんの教えを忠実に守ったからだ。

林くんは「翌年の4月まで本当に勉強してました」と言う。

そして初めてのトレードがアシックスの空売り！　ネコは「最初から空売り」に驚いた。しかも、３００万円を投資して15万円の利益。月利で５％という十分な利益を上げている。

「株を始めた頃は、母親に嫌がられていたと思う。親としてはちゃんと就職してほしい、株をやるなら証券会社に勤めなさいってね。でも、証券会社に入っても実際にトレードできるわけじゃないでしょ」

林くんの言葉に、確かにその通りだなとネコも思う。

「トレードを始めてから半年で元金の25％、75万円相当の利益を得られたので、今では親も認めてくれるようになったよ」

空売りから始まった林くんのトレード履歴は、Ｐａｒｔ４を見てくださいニャ。

『本業で自分の夢を追うために株式投資を始めた美馬さん』

次に紹介してもらったのは、美馬さんニャ。

美馬さんは1985年生まれ、大阪育ちの男性。そして2017年1月からけいくんのセミナーに通い出した。

「小学校の頃から医者になりたくて、ずっと勉強してきた」という美馬さんだったが、いざ受験となると、合格圏内は私立大学の医学部だった。

「私学だと入学金とか年間の授業料とかで6年間で最低6000万円はかかる。うちはごく普通の家庭だったんでそれは経済的にキツい。そのとき、もっと頑張って国公立を目指せばよかったんだけど……。グレて遊びまわるというわけのわからないことをしてしまって（笑）」

道を踏み外したと笑う美馬さん。とても物静かで丁寧に話す美馬さんが、グレちゃうなんて、ネコには不思議だった。

そこから立ち直った美馬さんは、医療関係の専門学校を卒業して病院に勤務。副業で始めた物販事業に力を入れているうちに、病院を退職。今では物販事業が本業となり経営者をしているという。

「扱っているのは食品なんです。主に農産物で、体に安全な食品だけを販売してます。流通しているものの中には、無農薬といいながら、実際にはそうでないものも少なからずあるんです」

美馬さんは全国の生産者を訪ね、作物を育てる現場をその目で見て、農薬使用の有無を確認して、安全を保証できるものだけを販売している。

「そういう農産物ってなかなか大量に生産できないから、仕入れる量も、さばける量

も少ない。利益を上げていくのは難しいですよね」

そこで、安定した収入を得ようと株式投資を始めた。

けいくんと知り合ったのは、「フェイスブック」で友達になった中華料理店の店主の紹介だった（その中華料理店が、昔、けいくんがアルバイトをしていた店というわけ）。

美馬さんは勉強した。今では毎日、「JPX日経400」（2014年から公表された新しい株価指数）を構成する400銘柄のチャートを30分ほどで考察できるまでにスキルをアップし、けいくんが称賛するほどの運用実績を上げている。

それでも、あまり儲からない物販業を辞めずに続けているのは……。

「ひとりでも多くの子どもたちが、生産者さんの想いのこもった、安全な食品を食べて元気に育ってほしい……、そんな夢を追ってるのかな」

そんな美馬さんのトレード履歴は、Part5を見てくださいニャ。

『家族と卓球と仲間との時間をいっぱい作りたい岩城さん』

最後に紹介する岩城さんは、小学校4年生から卓球を始めて、今でも選手を続けているという。

岩城さんは、大学時代は毎日10時間、卓球のトレーニングを続けて、就職先も卓球の練習ができそうな期待を抱いて、地方公務員の道を選んだ。

「ところが、職場は忙しくて毎日残業続き。仕事終わりが夜の11時ぐらい。夜の9時には仕事を終わらせて卓球の練習をしたかったんで、朝5時に出社して仕事して9時に退社して卓球をする、そんな毎日でした」

卓球のためにそこまでする⁉

「毎日、卓球しないと死んでまう人間なんで……」

そんな人間に、ネコは初めて会った。大好物のマグロやカツオは泳ぎまわるのを止めると「死んでまう」けど、岩城さんも同じなのかニャ!?

早朝出勤して夜９時まで仕事して、それから卓球……なんていう毎日が続くはずがない。岩城さんは辞職した。そして物販業を始めた。

「それがうまくいったり、いかなかったりしているときに、同業の知人から美馬さんを紹介されて、けいさんのセミナーに参加するようになったんです」

ちなみに、岩城さんも美馬さんと同じ１９８５年生まれの大阪育ち。

株式投資を始めた理由は美馬さんと同じで、安定収入かな?

「それもあるけど、家族と卓球と仲間と接する時間をいっぱい作りたかったっていう

のが大きな理由やな」

半年間勉強して、400銘柄をチェックしてトレード。着実に利益を上げているものの、岩城さんは損切りが大嫌い。どんなに苦しい局面に陥っても……。

「もしかしたら、明日はトレンドが変わるんじゃないか？　明日こそはきっと奇跡が起きるはず！　そんな根拠はなくても、いきなりイメージしだして……、全然あかんパターンや！」

そして清水建設とSUMCO（サムコ）のトレードで、岩城さんいわく「ドカンとヤラれ」、大反省。そのトレード履歴はPart6を見てくださいニャ。

ボクのセミナーや生徒さんのレポート――本章のネコくんのレポートはいかが

でしたか？

ネコくんが紹介した3人は、天才的に優れた投資能力を持っている人たちというわけではありません。みなさん個性的で、少しユニークかもしれませんが、ごく普通の人たちです。そんな彼らが、ボクのセミナーで勉強して、今では高利率の運用実績を上げています。

彼らのトレード履歴は、これから株を始める人にとっても、株式経験者にとっても参考になると思います。

さて、3人のトレード履歴を紹介する前に、トレードで勝つための「8つのチャートパターン」を次章で簡単にレクチャーしましょう。

Column1

10倍株よりコツコツ投資が1億円への近道

50ページで、50万円を1億7000万円にする月利5％投資についてお話ししました。

でも、みなさんの中には、「月利5％なんて言っていないで、**株価が10倍、20倍になる『お宝株』**を探したほうが1億円への近道なんじゃないの？」と思う方もいるかもしれません。

あるいは、信用取引で、手持ち資金の約3倍まで借りて「**レバレッジをかける**（小さな資金でより大きな資金を動かす）ほうが、より1億円への近道なんじゃないの？」という人もいるかもしれません。

でもボクは、思います。**「お宝株」を探す、レバレッジをかけるなんてことを実現できる人は、ほんの一握りの天才か、よほど運のいい人に限られる**、と。

ボクは根が小心者なので、いつか10倍になる株を探すとしたら、「いったいいつ見つかるんだろう？」と先行き不安に駆られそうですし、人（証券会社）からお金を借りて投資をする、なんてことはコワくてできません。

会社を経営しているボクの父は、「生活していくうえでもっとも大切なのは資本だ！」とよく言っていました。信用取引によるレバレッジは、大きなリスクです。「大切な資本」をそんなリスクにさらすことは、ボクにはできません。

ですから、**「お宝株」よりも信用取引によるレバレッジよりも、おすすめしたいのは、コツコツ月利5％の道**なのです。

ひと月で50万円を52万5000円にする——これなら手始めにできそうでしょ。月を追うごとに投資金額は増えていくけれど大丈夫！　慣れていくと金額が増えてもビビらなくなるし、きちんと利益は取れるようになるから

Part

3

これだけでも勝てる！
8つのチャートパターン

『チャートは「ローソク足」と「移動平均線」のペアで見る』

勝つためには、複数の条件が揃ったときにしか売買しないとお話ししてきました。売買するのに適した「条件」は、チャートから読み取っていきます。この章では、必ず覚えてほしいチャートパターンを8つ、旭硝子のチャートを例にレクチャーしていきます。

……とその前に、トレード初心者のために「チャートって何?」というところから簡単に説明しましょう。「チャートのことなら知ってるよ」という人も、ボクなりのチャートのとらえ方、設定の仕方についても説明していくので、ざっと一読いただければと思います。

株価チャートというと、「ローソク足」と「移動平均線」を組み合わせたものが一般的ですが、ボクもそれを使っています。

ローソク足の見方

陽線《ようせん》……始値より終値が高い

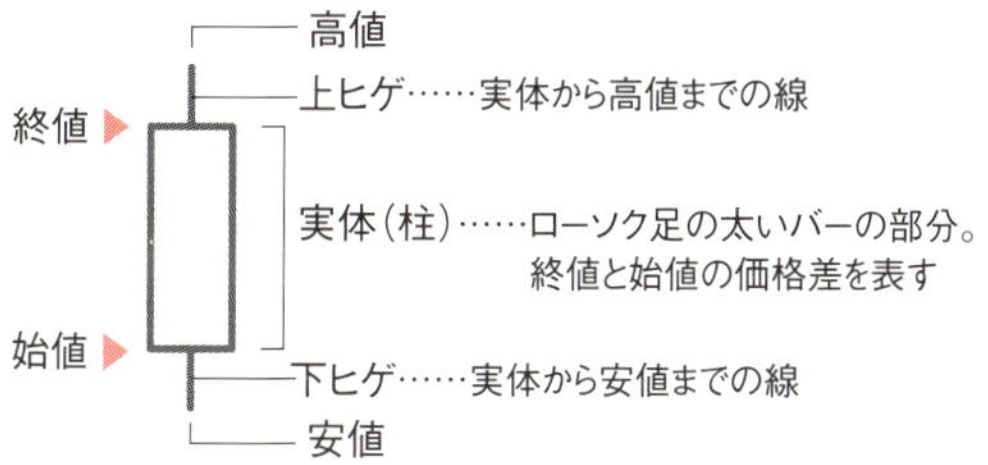
高値
上ヒゲ……実体から高値までの線
終値
実体（柱）……ローソク足の太いバーの部分。
終値と始値の価格差を表す
始値
下ヒゲ……実体から安値までの線
安値

陰線《いんせん》……始値より終値が安い

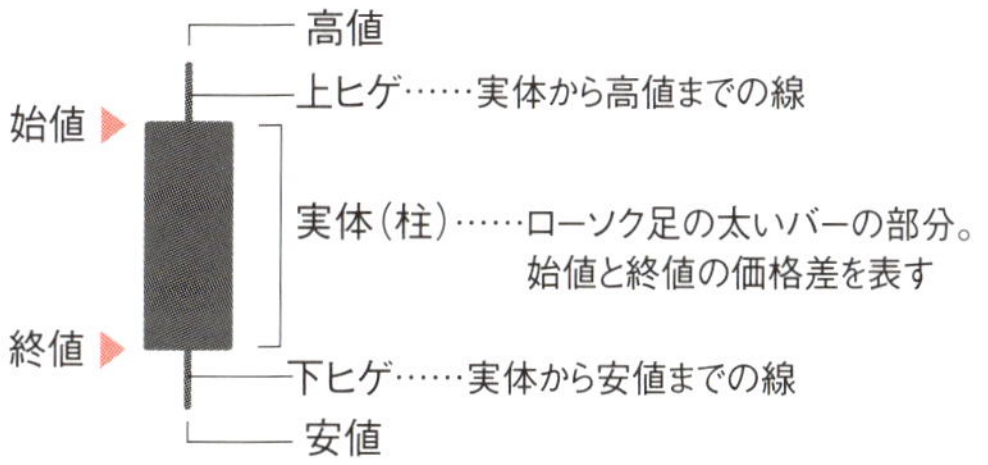
高値
上ヒゲ……実体から高値までの線
始値
実体（柱）……ローソク足の太いバーの部分。
始値と終値の価格差を表す
終値
下ヒゲ……実体から安値までの線
安値

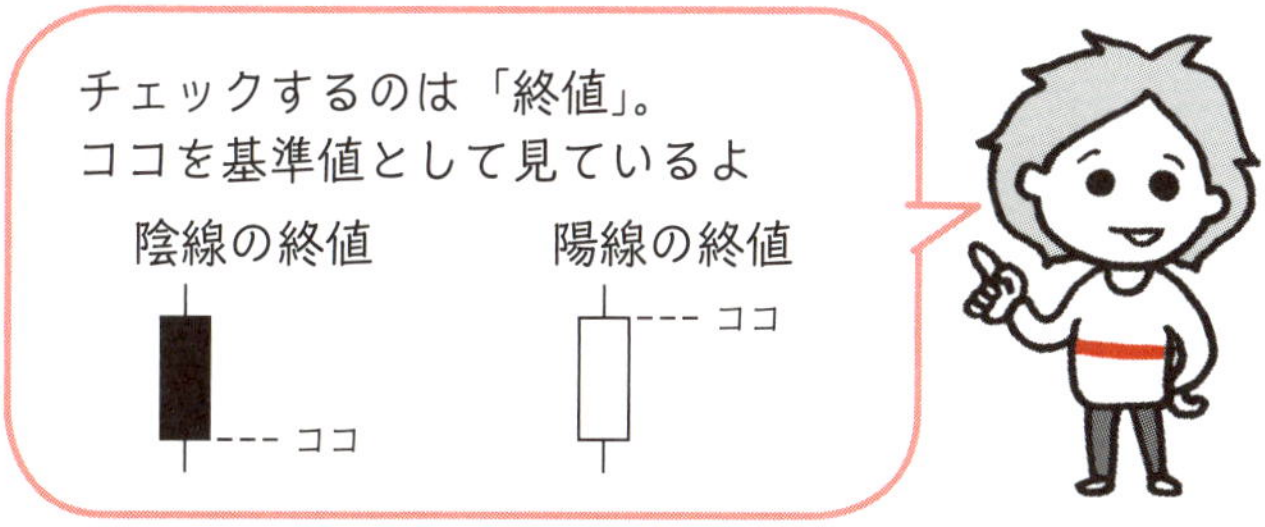
チェックするのは「終値」。
ココを基準値として見ているよ
陰線の終値
ココ
陽線の終値
ココ

ローソク足には、日々の値動きを表した「日足《ひあし》」、週単位の「週足《しゅうあし》」、月単位の「月足《つきあし》」などがあります。ボクが主に見ているのは日足です。

ローソク足を見れば、これ1本で4つの価格がわかります。「始値《はじめね》」「終値《おわりね》」「高《たか》値《ね》」「安値《やすね》」の4つです。日足でいえば、取引開始の朝9時につく価格が「始値」、午後3時につくのが「終値」、1日のうちで一番高いのが「高値」、一番安いのが「安値」です。それらの中でも、ボクが**「基準値」として参考にしているのが「終値」**です。

株式相場は朝9時に始まると、さまざまなニュースや思惑などを材料に、上がったり下がったりを何度も繰り返します。そして午後3時の取引終了時刻が近づく頃には、多くの市場参加者が「まずまずこんなところでしょ」と認めた価格に落ち着きます。

ボクが株価をチェックするときは、市場が一段落したときの「終値」に照準を合わせて見ています。

移動平均線は、短期・中期・長期の3つで設定

そして、ローソク足とともにチェックしてほしいのが、移動平均線です。**移動平均**

線は、ある期間の終値の平均値を計算し、その平均値を結んだ線です。折れ線グラフで表されます。

チャートは、ローソク足と移動平均線をペアで見ることが必須です。

移動平均線の期間は、5日、20日、25日、60日、75日、100日などさまざまな日数で設定できます。株価チャートソフトは、フリーソフトでも証券会社が提供しているものでも、ご自身が慣れたものを使ってもらっていいのですが、必ず移動平均線の設定を意識してみてください。

ボクの場合は、だいたい次のように設定しています。

- **短期移動平均線……5日**
- **中期移動平均線……25日**
- **長期移動平均線……75日**

短期移動平均線と中期移動平均線の並びや向きを見ることで、今が上昇中なのか下落中なのかといったトレンドを考察します。5日、25日、75日の移動平均線を見ることで、そのトレンドが考察しやすくなります。

「上昇・下落・横ばいのトレンドは移動平均線の並びと向きでわかる」

株価の動きには上昇・下落・横ばいの3つのトレンドがあります。この中でとくに注目してほしいのが横ばいです。

横ばいは、一定の価格帯の間で上がり下がりを繰り返している状態です。このときの移動平均線を見ると、短期移動平均線が中期移動平均線を抜けたり下がったり、うねうねとしています。

このような局面では、単純に下がったら買い、上がったら売りを繰り返せばある程度の利益が見込めます。しかし、それだけではありません。**横ばいはほとんどのケースで、3ヵ月以降に上昇か、下落かに転じます。**そこで**横ばいの銘柄を観察していれば上昇・下落へのサインをいち早く知る**ことができ、トレンド転換の初期に「買い」あるいは「売り」を入れられます。

株価には3つのトレンドがある

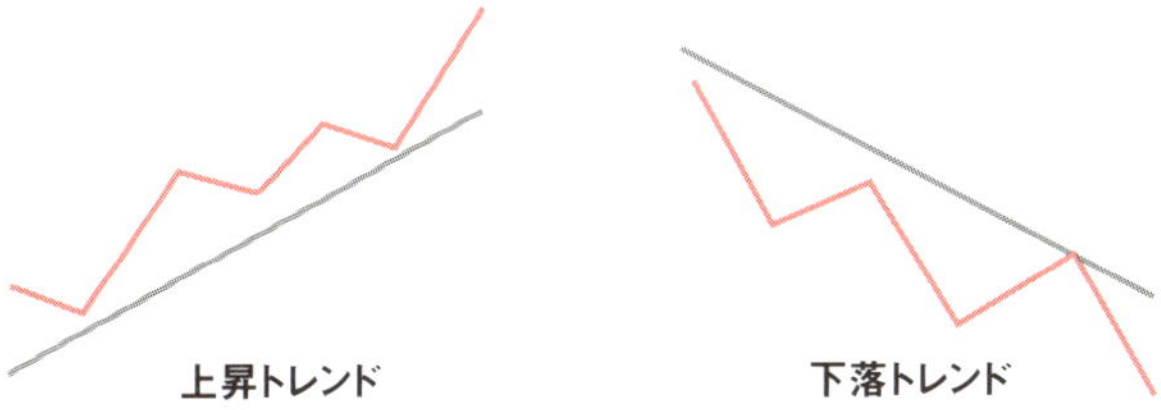
上昇トレンド
下落トレンド

上昇トレンドは、短期移動平均線が中期移動平均線の上にあって上向きに
下落トレンドは、短期移動平均線が中期移動平均線の下にあって下向きに

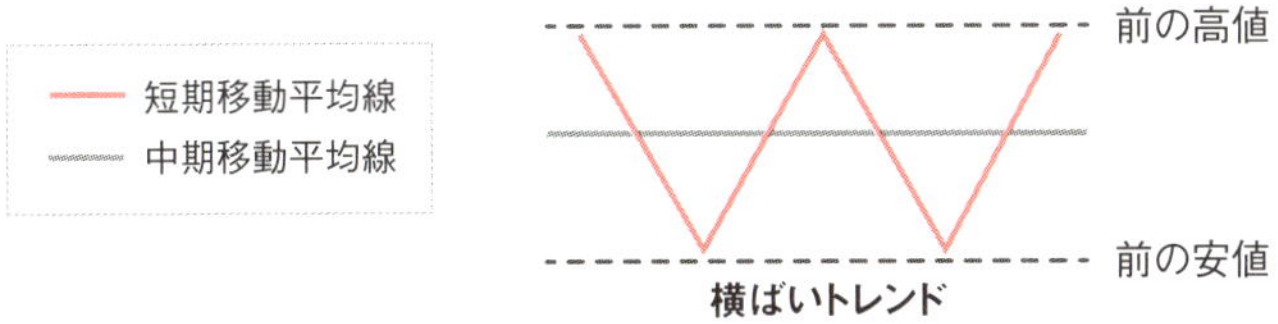
短期移動平均線
中期移動平均線
前の高値
前の安値
横ばいトレンド

横ばいトレンドは、中期移動平均線を短期移動平均線が抜けたり下がったりしながら、前の高値・安値を超えられない状態。中期線はあまり傾斜がなく、比較的なだらか

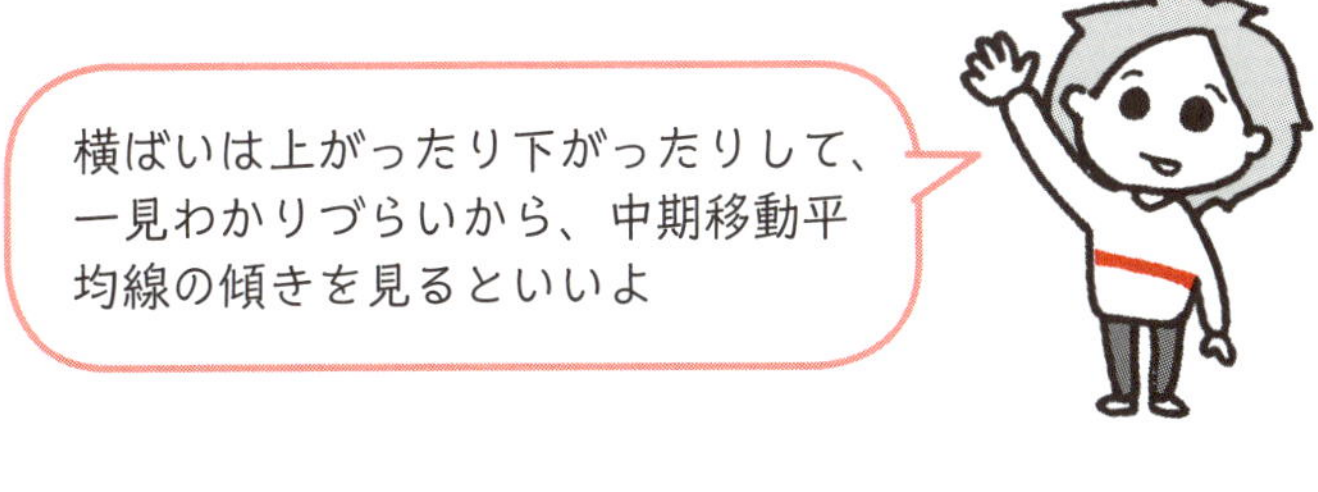
横ばいは上がったり下がったりして、一見わかりづらいから、中期移動平均線の傾きを見るといいよ

横ばいは、上昇・下落トレンドに飛び出すための準備期間

株式市場というフィールドでは、日々、売り手と買い手の攻防戦が繰り広げられています。売り手が多いと株価は「下落」し、買い手が多いと「上昇」します。では、下落と上昇が繰り返される「横ばい」はどういう局面かというと、多くの人が、「売ろうかな、やっぱり買おうかな」と売買を迷っている状態です。

しかし、そんな足踏み状態はいつまでも続きません。**3ヵ月くらいで横ばいトレンドは終息するケースが多い**のです。

多くの投資家は、何かの「きっかけ」さえ与えられれば、「売り」か「買い」のどちらかの注文に足を踏み出していきます。そのきっかけになるのは決算の良し悪しとか、為替相場とか、世界情勢といったニュースです。

悪いニュースなら、それに反応していち早く売り始める人が現れ、同調する投資家

横ばいのあとには必ず上昇か下落トレンドがくる

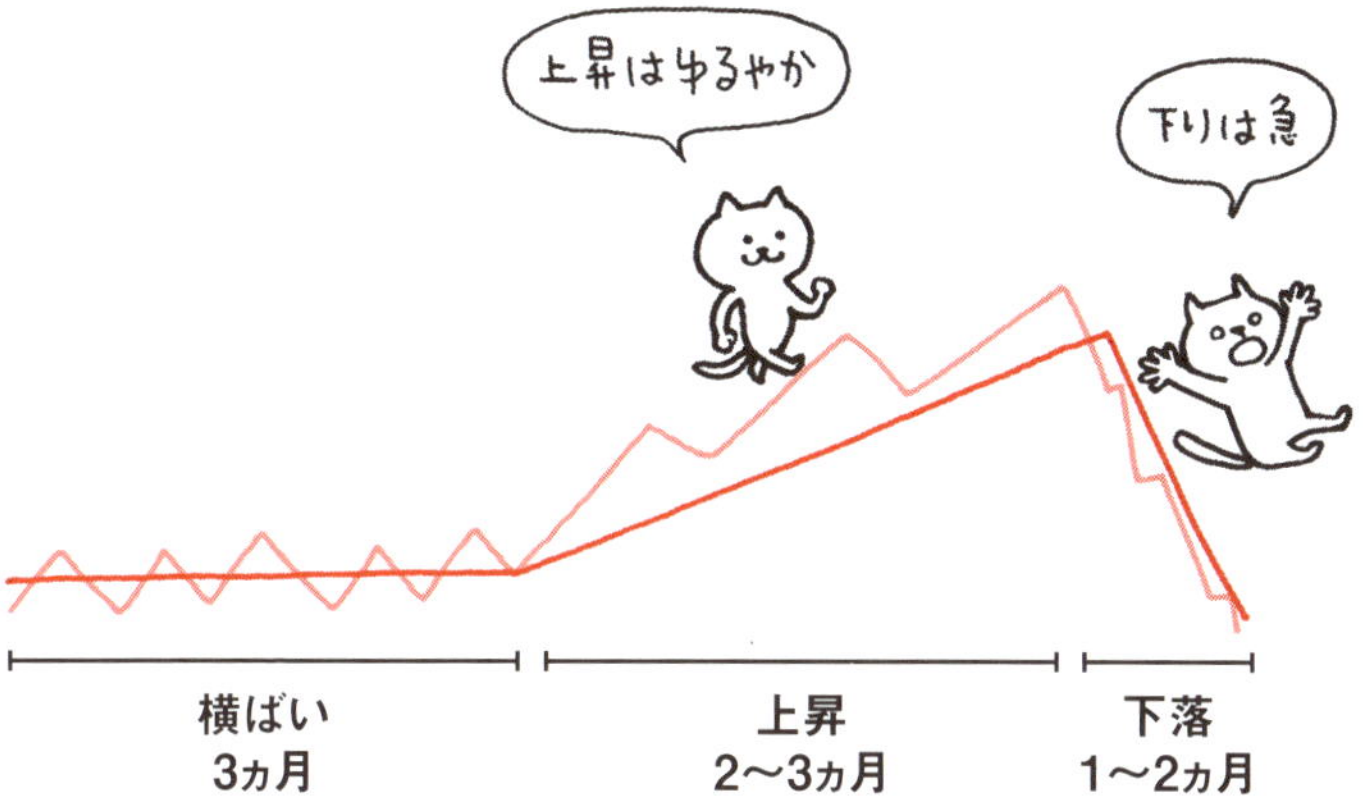

だいたい、どの銘柄も下落は早く、上昇のスピードは遅いよ。だらだらと3ヵ月くらいかけて上昇して、下がるときにはストンと1〜2ヵ月で落ちていくんだ

ネコはなんとなくわかる……。だって、上昇時は本当に上がるのかな、という気持ちで買うけど、下落時は損をしたくないから売り急ぐもんね！

が次から次へと売り注文を重ねていきます。そうなると売りが売りを呼ぶ状態に。その反対が、買いが買いを呼ぶ状態です。

「ファーストペンギン」にならなくてもいい

みなさんは「ファーストペンギン」という言葉を聞いたことはありますか？　ペンギンの群れの中から、天敵がいるかもしれない海へ、最初に飛び込む勇敢なペンギンのことです。

転じて、株式市場に目を向ければ、多くの投資家が足踏みをしている局面から飛び出して、最初に「売り」や「買い」の注文を入れられる投資家は、「ファーストペンギン」かもしれません。

でも、ボクをはじめ、それほどの胆力や情報力を持たない**フツーの個人投資家たちは、上昇・下落の流れに便乗して「右にならえ」ができればいい**のです。

ただし、「右にならえ」をするときには出遅れないこと！　そのために、**横ばいチャートを観察して、上昇や下落のサインをいち早く察知することが重要**なのです。

『「前の高値」と「前の安値」、キリのいい数字「節目」に注目』

先ほど、横ばいの銘柄を観察していれば上昇・下落へのサインをいち早く知ることができるとサラッと書きました。

では、横ばい銘柄のどんな動きを観察していればいいのでしょう?

注目すべきは**「前の高値」**と**「前の安値」**です。

横ばいとは、一定の値幅の間をうねうねしている状態です。一定の値幅の上値ラインは「前の高値」、下値ラインは「前の安値」です。

つまり、「前の高値」を上回ったり、「前の安値」を下回ったりすると、もう「横ばい」とは呼べません。上昇トレンドか下落トレンドの初動であると考えられます。

さらに500円、1000円、3000円といった**キリのいい数字（「節目」と呼ばれます）を超えたり下回ったりすることも、上昇や下落へのサイン**として読み取れます。人はキリのいい数字は意識してしまうもの。キリのいい数字を基準に考える傾向があります。その数字を超える、下回るということは、投資家が売買を決断するきっかけ（まさに売買の「節目」）になりやすいのです。

「前の高値」「前の安値」「キリのいい数字（節目）」は、株価の上昇・下落をはばむ「壁」にもなりやすいのですが、そこをいったん突破するとトレンドが転換するという場面はよくあります。

上昇や下落のトレンド転換をいち早く予測し、その通りになれば、天井あるいは底値近くまで保有し、利益確定することで大きな成果が得られるのです。

まさに少ない運用回数で利益を得るトレードができるというわけです。

横ばいのときに、次は上がるか下がるか、トレンドが変わるのを待つんだね。一番稼げるのは、うねうねした横ばいトレンドだって！　意外ニャ。

「前の高値」と「前の安値」、節目とは？

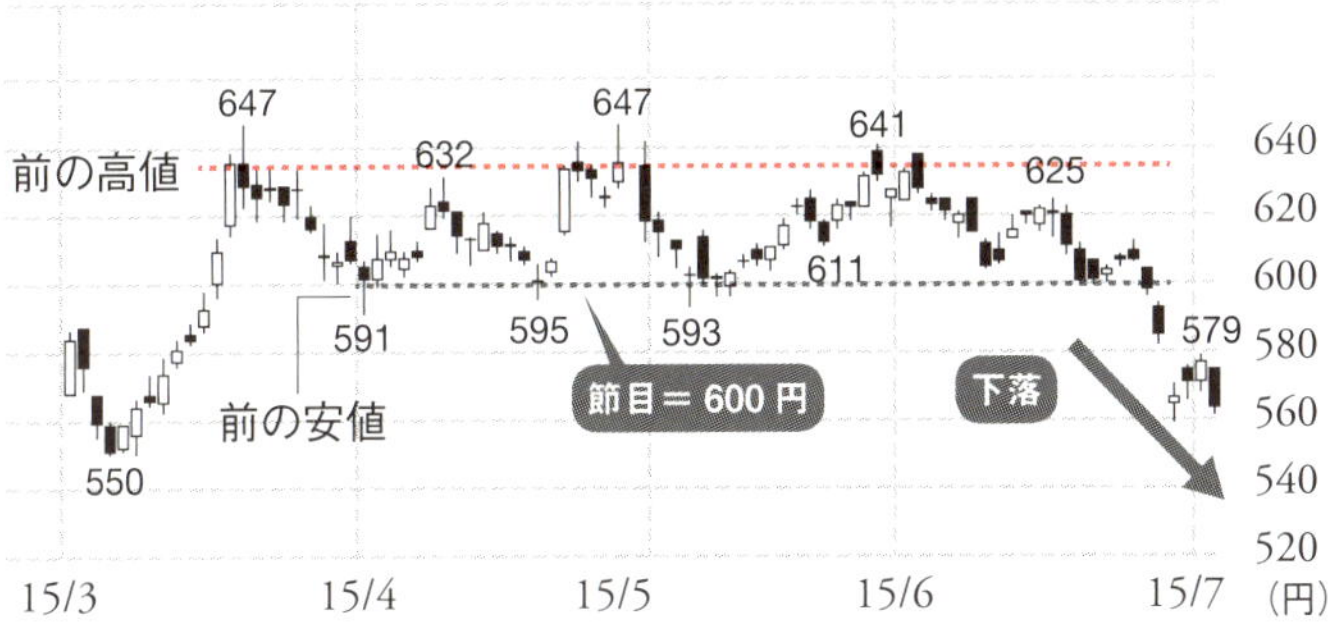

高値と安値は終値で考えるニャ。陽線は上のほう、陰線は下のほう。ラインを引くとわかりやすいニャ

前の高値と安値、それに節目を見て、トレードに活用するんだ。上のチャートでは、前の安値と節目を割り込んで下落トレンドに向かってるよ

『午後2時半からの「ほぼ終値」を確認して、「成行」で注文する』

チャートを見て、横ばいからの上昇・下落トレンドを予測すること。その際、**チャートを見るときの基準値は、日々の「終値」**です。

株式市場は午後3時に取引終了となります。終了時間が近づくにつれて、だいたい**午後2時半以降には、その日の終値が見えてきます。**

終値が見えてくれば、その日のローソク足が描けるようになります。

ですから、**ボクは午後2時半以降に、観察していた銘柄の株価をチェックして、売買のサインを見たら、スマホで注文をクリック**します。

でも、たまにポケモンGOに夢中になっていたりすると、そのチェックを忘れてしまうことがあります（笑）。そうしたら、夜にでも終値をチェックすればいいだけ。

そうして、売買タイミングだと思えば、注文を入れておくだけです。

ボクは終値を見る時間に、強いこだわりはありません。

注文するときは、必ず「成行」で

こだわりがあるとしたら、注文の仕方です。ボクは、**必ず「成行《なりゆき》」で注文**するようにしています。値段を指定しない「成行」は、「指値《さしね》」（値段を指定する）よりも約定が優先されるからです。

正直、「1円でも高く売りたい、1円でも安く買いたい」という気持ちはボクの中にもあります。でも、その欲を優先させて、そもそも注文が成立しなかったら、儲けどころの話ではありませんし、利益を得られなかったら本末転倒です。

1円、2円にこだわるよりも、相場の流れの中で、「売り時、買い時」というタイミングをとらえることのほうが重要です。

相場格言に「頭と尻尾はくれてやれ」というものがあります。この場合の「頭」と「尻尾」は儲け損ねた利益を指します。でも、儲け損ねた分は、売買タイミングを外さないために必要なコストととらえてみてください。

『今は天井圏か底値圏かは、「新値更新」で見極める』

上昇し続ける株も下落し続ける株もありません。いずれは天井や底に当たります。

「安いところで買った株を天井圏で売りたい！」

「高く売った株は、底値圏で買い戻したい！」

誰もがそう思うはず。

でも、「どこが安いところか、高いところか？」それがわかれば苦労はしませんよね？

ここでは、そんな悩ましい**「売買ポイント」がわかる目安**を教えましょう！

いざ株を買ってみた・売ってみたものの、どこが売買タイミングかわからないというときには**「新値更新」**を数えます。**新値とは、終値が上昇トレンドなら前より高い株価、下落トレンドなら前より安い株価**を指します。

「新値更新」の数え方

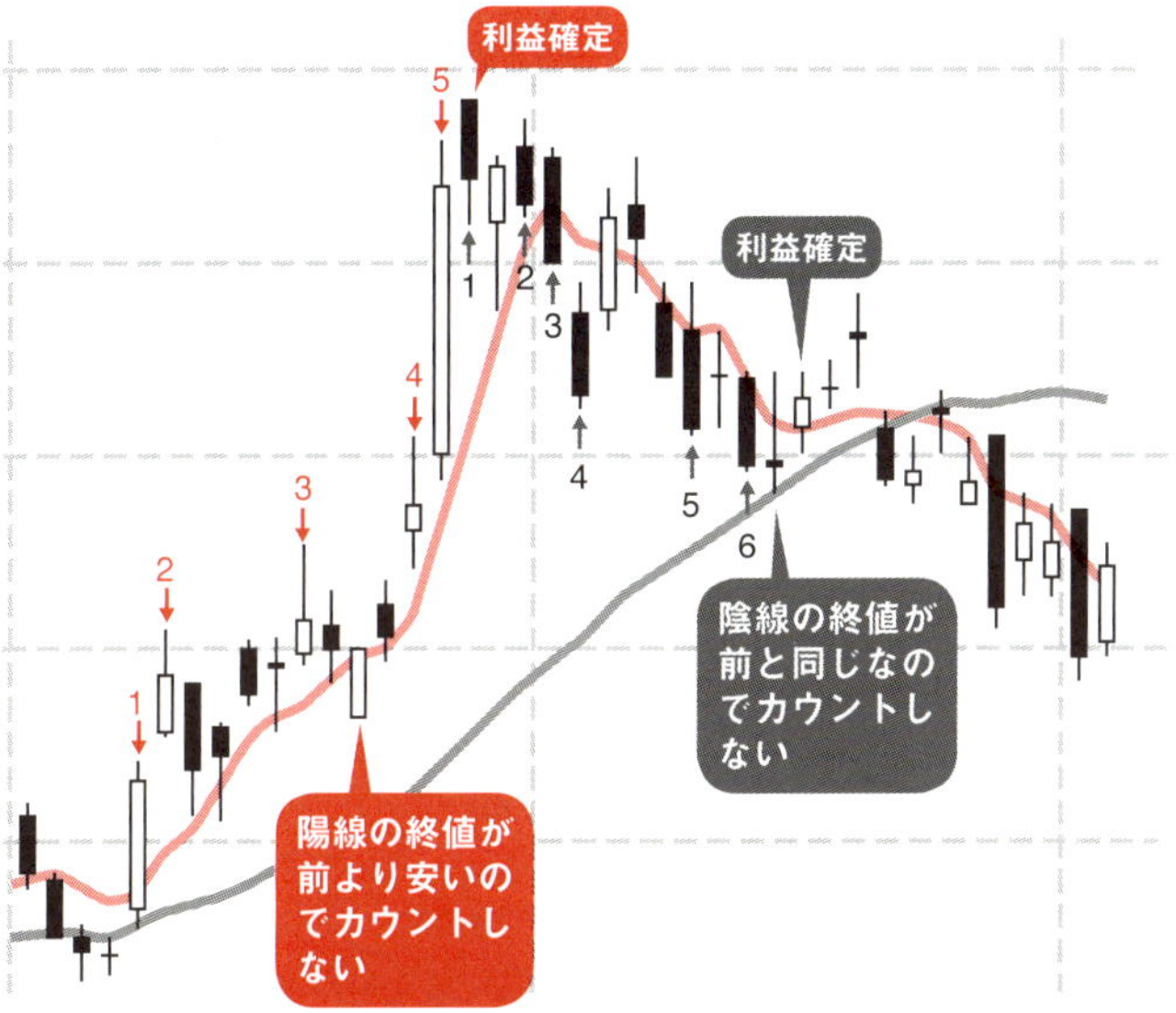

上昇・下落の始まりを起点に、上昇なら「陽線」、下落なら「陰線」の新値更新を数えるよ。新値の基準も終値だよ。終値が前より「高い日・安い日」をカウントしてね

新値更新５日目以降に、反対のローソク足が出たところで利確ニャ

数え方ですが、上昇あるいは下落が始まったところを起点に陽線、陰線を数えます。**始値と終値が同じ「＋」は数えません。**

ボクは、**新値更新5日目以降に反対のローソク足が出現した日に手じまい**をしています。つまり陽線が続いていたら陰線、陰線が続いていたら陽線が出た日に利益確定をしているという意味です。その理由は経験上、反対のローソク足が出るとトレンドが一段落するケースが多いからです。

買いポジションで陽線が続いたら、5日目以降の陰線で利確。売りポジションなら陰線を数えて5日目以降の陽線で買い戻して利確っていうことだニャ！

『大事なのは、利益率よりも上がるか下がるかの方向性』

株価のトレンドには、上昇・下落・横ばいの3種類しかありません。つまり、**横ばいのあとは、株価が上がるか下がるかの2択**しかないわけです。

実は、**株式投資で重要なのは、いくら儲かったかという利益率よりも上がるか下がるかの方向性を予測すること**だとボクは考えています。そもそも方向性が予測できなければ、利益を得ることはできませんから。

では、ここまで説明してきた「上がるサイン」「下がるサイン」について、おさらいしましょう。サインを読み取るには、次の3つに着目します。

- **「前の高値」と「前の安値」**
- **キリのいい「節目」**
- **移動平均線**

横ばいから上昇トレンドを予測する

株価が上がるサインでいえば、次の3つです。

- **「前の高値」を超える**
- **キリのいい「節目」を超える**
- **移動平均線の短期線が中期線を上回る**

下がるサインはその逆なのでそれらを合わせてもたった6つ。さらに、**「横ばいトレンド」の3ヵ月後考察**、上げ止まりや下げ止まりを予測する**「新値更新」**の2つを駆使すれば、より予測の精度は高まります。

トレードビギナーや初級者は、次ページにまとめた8つのサインを覚えてください。たったこれだけと侮るなかれ！　複数の条件が重なるポイントを見つけて売買できれば、勝率は格段にアップします。

では、次から旭硝子のチャートを例に、考察の仕方をレクチャーしていきましょう。

チャートから読み取る8つのサイン

上がるサイン

❶「**前の高値**」を超える

❸ キリのいい「**節目**」を超える

❺ **移動平均線**の短期線が
中期線を上回る

下がるサイン

❷「**前の安値**」を下回る

❹ キリのいい「**節目**」を下回る

❻ **移動平均線**の短期線が
中期線を下回る

横ばいトレンド

❼「**横ばい**」はおおよそ3ヵ月続く。

▶その後は、トレンド転換（上昇か下落）が起こりやすい。

新値更新

❽ 上げ止まり、下げ止まりは「**新値更新**」を数える。

▶「新値更新」5日目以降に、逆のローソク足が現れたら利益確定する。

旭硝子のチャートを使って、横ばいからの上昇下落を予測する

ここからは、旭硝子のチャートを使って、横ばいのあとの方向性を予測していきます。チャートを見ると、２０１４年11月頃から横ばいトレンドに入っています。高値は３０００円前後、安値は２８００円前後です。

２０１５年1月27日に注目しましょう。この日の終値は３０７５円。これは**前の高値３０５０円（同日の終値３０４５円）**、そして**節目の３０００円も超えて**います。

「チャートから読み取るサイン」のうち、**「新値更新」**のワザを使ってみましょう。新値更新の起点は安値２９４０円をつけた1月22日です。23日は上がっているので2日目、その次の日も陽線ですが、終値を見ると前日より安いので数えません。そして27日ですが、23日より上がっています。ですから、**新値更新３日目**になり、まだ上昇の余地がありそうです。

旭硝子（5201）の上昇トレンド

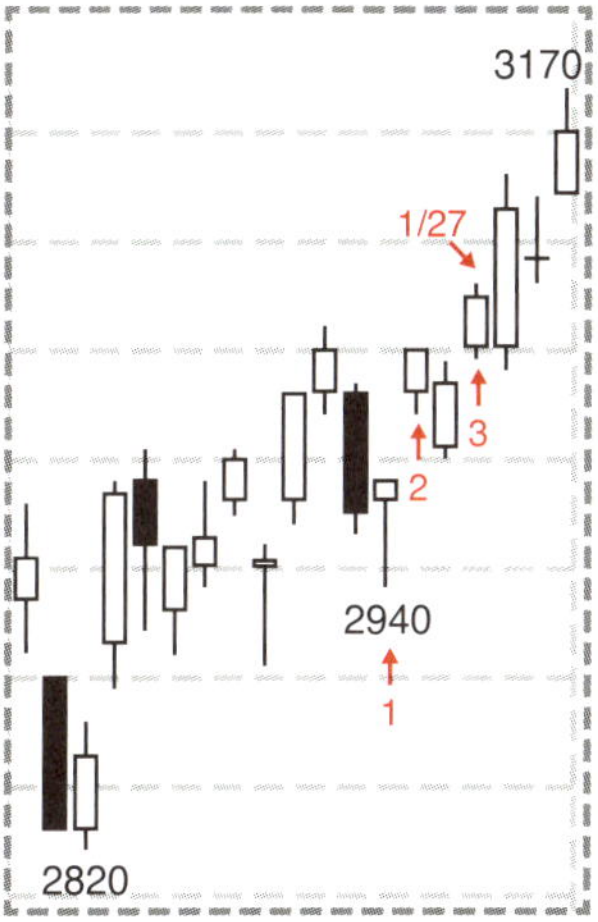

前の高値、節目、新値更新３日目、短期移動平均線が中期・長期線の上にある……複数の条件が揃ったから上昇トレンドと判断するよ

旭硝子（5201）の売買ポイント

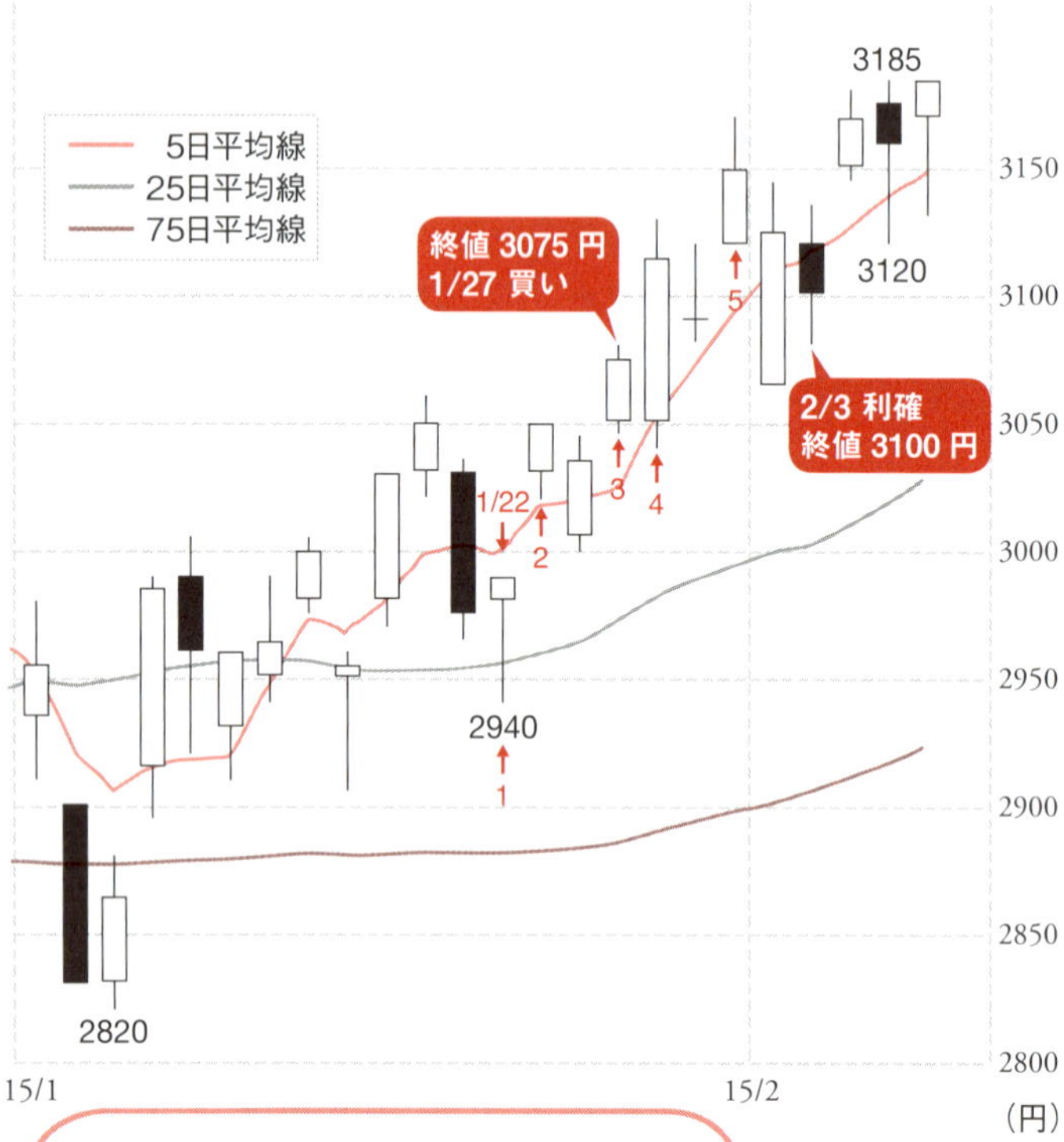

1 月 27 日に買いを入れ、新値更新で 5 日目以降、陰線が出た 2 月 3 日に利確します。終値ベースの利益は 1 株 25 円。少ないかもしれませんが、ルール通りの売買が重要です！

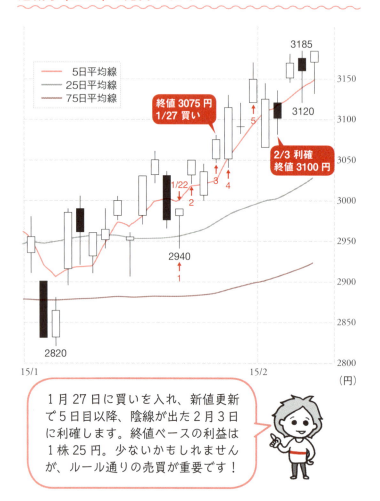

さらに横ばいが始まってから3ヵ月ほど。ということはそろそろトレンドが転換する頃です。

移動平均線の位置を見ると、すでにゴールデンクロスして（短期の移動平均線が、中期・長期の移動平均線を下から上に抜けて）、**短期移動平均線が中期・長期移動平均線の上に**あります。

横ばいが3ヵ月、移動平均線の位置、前の高値を抜いた——このことから上昇トレンドへ入った可能性が高いと予測でき、1月27日は「買い」を入れるポイントになります。

上がるサインを見ると気持ちもアップするニャア！
「買い」のタイミングは、こうやって複数の条件があるときを探すんだね。株を買ったら、今度は売るタイミングに悩むけど、「新値更新」を数えればいいニャ。

横ばいから下落トレンドを予測する

では、旭硝子のその後のチャートを見ていきましょう。2015年3月27日には、高値4065円をつけたものの終値は3955円と陰線で引けています。ここから横ばいが始まりました。高値は4100円前後、安値は3850円付近です。

5月25日高値4130円をつけた日は終値4080円、前の高値（4月28日の終値4100円）にほぼ並びます。また、安値3830円の陽線を起点とすると、新値更新5日目以降の陰線です。5月28日は陰線で引け、前の高値を抜けません。それに4100円は節目でもあり、その節目を超えられません。つまり、**株価は天井圏、下落が始まると予測**できます。ですから、5月28日は「売り」と判断できます。

そして下落。6月9日、終値3880円は前の安値に近く、もし、このまま横ばいが続くなら上昇するはずです。ところが12日の終値は3850円と9日より安く、翌日はさらに安く引けています。ついに17日は長い陰線が出て、終値3776円。**前の安値を下回って**しまいました。3800円の**節目も割って**います。さらに**移動平均線**

旭硝子（5201）の下落トレンド

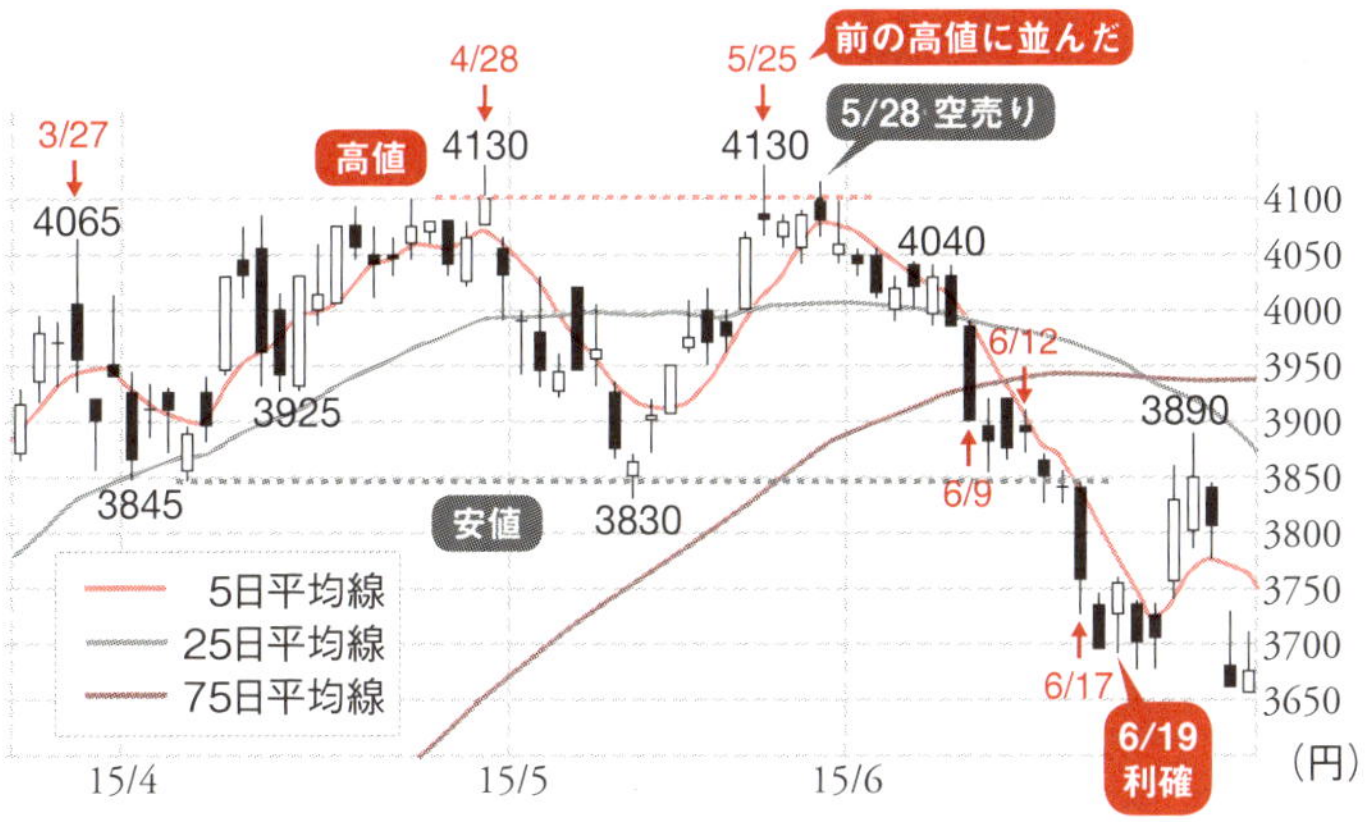

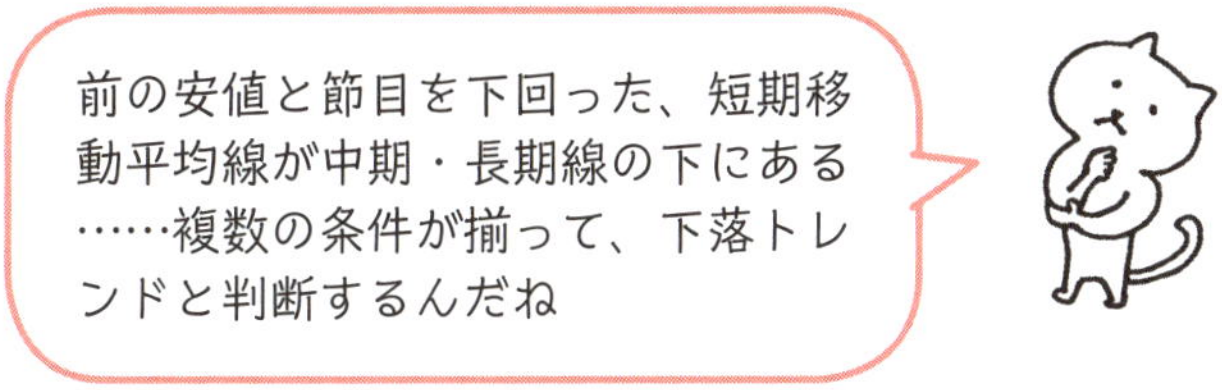

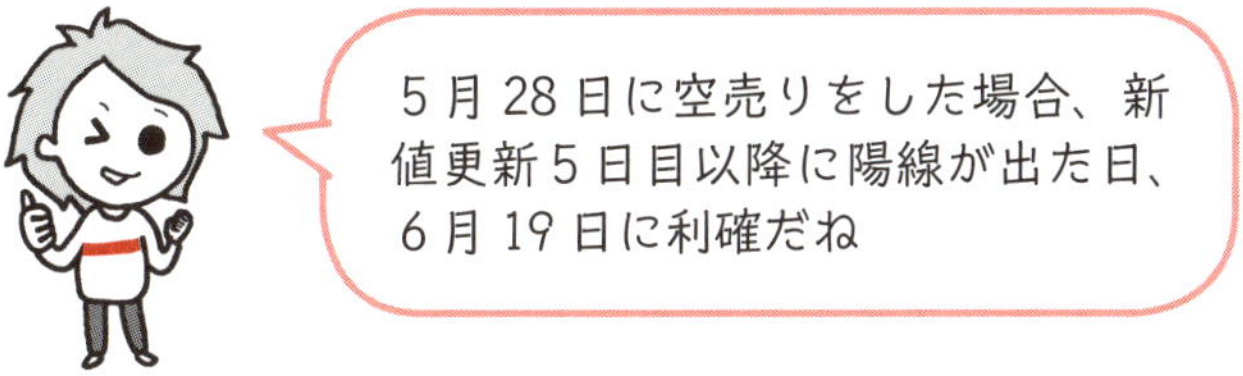

を見ると短期線が中期線、長期線の下にあります。そして横ばいが始まって3ヵ月、トレンドが変わる頃です。

以上の状況から、下落トレンドに入ったと予測できます。

いかがでしたか？　8つのサインを覚えるだけでも、それらを複合して判断すれば、「勝てる」トレードができます！

とはいえ、初心者はチャートを見ながら頭では「前の高値」がわかっていても、「ここかな、どこかな？」と迷ったり、それをどう判断材料にすればいいのか難しいでしょう。それが考察を重ねていくうちに徐々に理解が深まって、判断力に磨きがかかります。ここであきらめずに、もうひと踏ん張りです！

次章から、生徒さん3人のトレード履歴や勉強法を紹介していきます。初心者から一人前のトレーダーに成長した彼らの姿は、みなさんのいいモデルケースになるでしょう。

Part

4

大卒ニートの林くんの初トレードは「空売り」から！

『「働きたくない！」の一心でトレードを始めた林くん』

最初に紹介するのは、林くんのトレードです。彼が投資を始めた動機はボクと同じ。「働きたくない」でした（その気持ち、よくわかります……）。

林くんは、大学4年生の秋に、就職せずに株式投資で身を立てることを決心します。以降、半年間はひたすらシミュレーションを繰り返し、チャートの勉強に励みました。実際に現金を投入してトレードを行ったのは2017年4月から。そして、同年5月から12月までの8ヵ月で25％の利益を上げています（元金300万円で利益75万円）。彼の運用能力は高いといっていいでしょう。

では、林くんの実際のトレードを見ていきましょう。

ここからは、助手のネコくんが進行します。ボクはときどき顔を出して、講評（評価やアドバイス）をしていきます。

勉強中は口座を開かずひたすらシミュレーション

「最初に聞きたいけど、シミュレーションをしていると、実際のトレードがしたくならなかった？」

「なったよ。けいくんのセミナーは日曜日に行われていて、月曜日には市場が開くでしょ。もうすぐにでも、株式市場にお金を投入して『実戦』をしたくなったなあ」

「よく我慢できたね」

「証券会社の口座を開いてなかったんだ。一度、実弾（現金）を投入したら、もうシミュレーションなんかしたくなくなると思うから。だから、勉強中は口座を開かなかったっていうわけ。『いざ実戦！』の直前になって、ようやく口座を開いて、もちろん信用取引の口座も開いたんだよ」

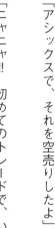

『初トレードは、アシックスの「空売り」からスタート』

「なるほど！　最初に選んだ銘柄は何？」

「アシックスで、それを空売りしたよ」

「ニャニャ‼　初めてのトレードで、いきなり空売りから入ったの⁉
ネコは臆病だから、いきなりの信用取引も、空売りもコワい。だって、空売りをしているほかの投資家たちが損切り覚悟の買い戻しをして、株価が上がっちゃったら……即、株式市場から退場になっちゃうかも。借金だって残りそう」

「確かにね。でも、僕はそうならないために半年間、売りも買いもシミュレーションした。だから、空売りに対する抵抗感はなかったよ」

すでにお話しした通り、空売りや信用は「危険」とか、「コワい」とかいうのは誤解です。確かに、まったく勉強しないで、空売りから入れば借金を残して、株式市場から退場ということもあり得ます。しかし、**林くんのように十分にトレーニングを積んだうえでの空売りなら、必要以上に恐れることはない**のです。

「シミュレーションは大事なんだニャア……。99ページが林くんのアシックスのトレード履歴だね。空売りしたのは2017年5月8日。なぜ、ここで空売りしたの？」

「ここは条件が複数揃ったんだ。
その1、終値で前の高値を超えられない。
その2、2000円の節目。

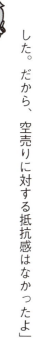

その3、長期移動平均線が短期線にぶつかってる。

久しぶりの長期線にローソク足がぶつかると、跳ね返されるっていうケースが多いんだ」

アシックスはチャートからわかるように、**1800円あたりで下げ止まり、2000円ぐらいまで上昇するとそこで止まって、下落するという横ばいの局面**が続いていました。

安値が1800円付近、高値は2000円付近になります。林くんが「前の高値」と言うのは2000円のこと。しかも、**2000円で陰線が出れば下落するというパターン**だったんです。それに2000円は節目ですね。

林くんは複数の条件を満たすポイントで「売り」を入れました。勉強した通りのトレードをしたのです。

林くんのトレード❶「アシックス」(7936)を空売り

1800円付近で止まるまで、きれいな下落トレンドニャ

2016年12月に2500円をつけてからストレートに下落していたんだ。ボクは1800円まで落ちたところで買い、2000円で売ってたよ

「5月16日に利確したんだね。実際はもっと下がったのに〜」

「実は１８５０円に下がるまでは、頑張って持ってようと思ったんだ。でも、１９００円で利確しちゃった」

「なんで？」

「あっという間に下がって……、少しコワくなったんだ。シミュレーションだったら、１８００円台までホールドしたと思うけど、**実際にお金が動くと心も動く**んだよなあ。予測通りに下がって気分がよくなったというのもあって、利確しちゃったんだ」

初めてにしては、すごくいいトレードです！　林くんはずっと監視していて条件が揃うまでは何もしませんでした。「待て」ができたのは勉強の成果ですね。

林くんのトレード❶「アシックス」の利益確定

ボクはこのネタが好きなんだけど、林くん、「1850円まで頑張って持ちます」って言っておきながら1900円で利確しちゃう（笑）。最初はどうしてもこうなっちゃうんです

はぁ……「待て」かあ。ネコは「待て」は苦手なんだニャア

『森永乳業は「なんとなく」で買って中途半端な利益に』

「次の投資は、森永乳業だね。ネコはミルクが大好き。これは買い、それとも売り？」

「この日（5月17日）の陽線で買いを入れたよ」

「買いを入れる条件がいくつかあったんだね？」

「それが……そうじゃないんだよ。まあ、なんとなく……かな？」

「ニャンとなくぅぅー！　だって、複数の条件がなきゃ、『待て！』のはずだったんじゃニャいのかい⁉」

林くんのトレード❷「森永乳業」(2264)を買い

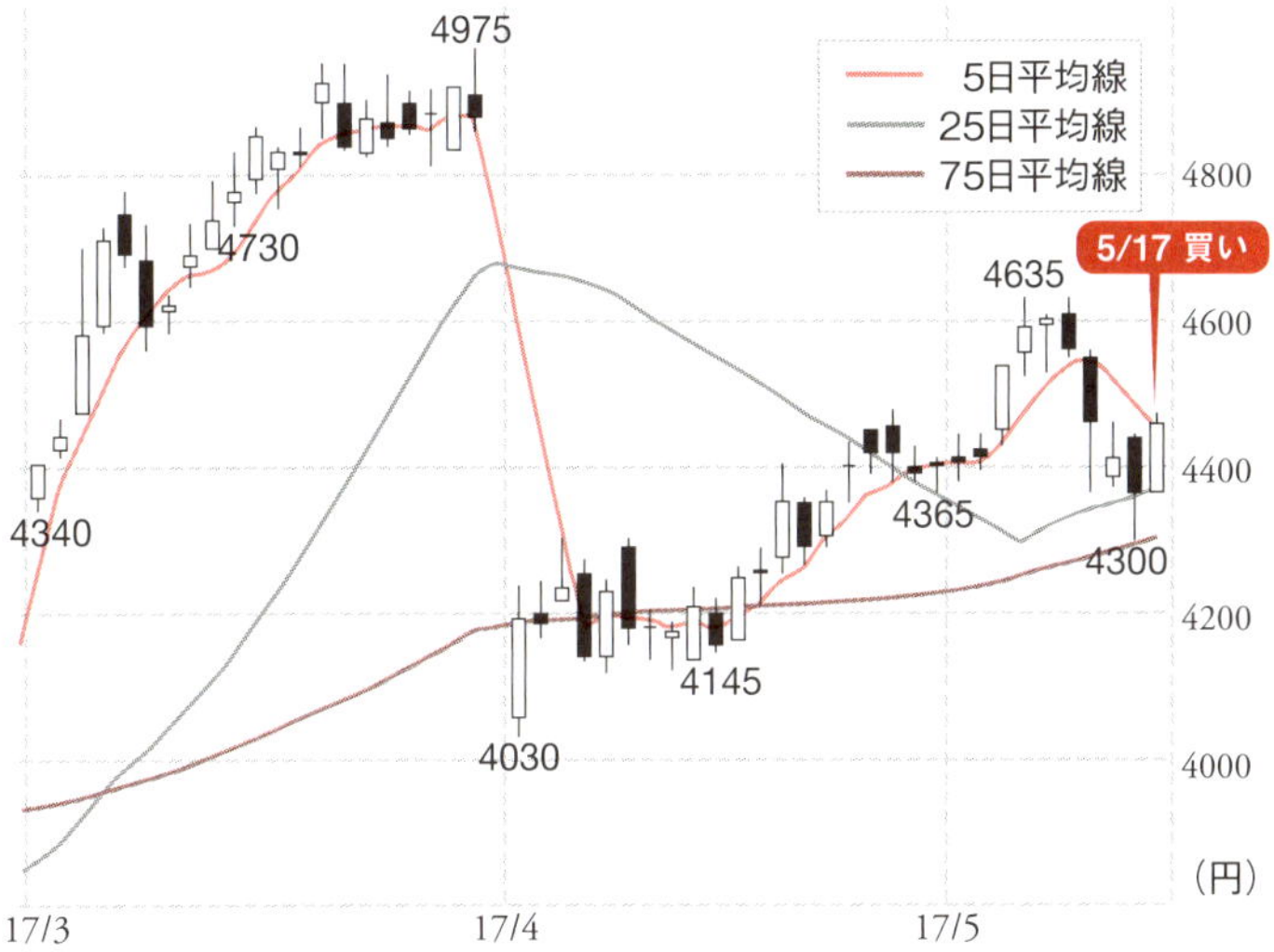

5日平均線が25日平均線の上にあって、長めの陽線も出て、上がりそうな予感もするニャ……

でもね、林くんいわく「けいさんのトレードを逸脱したやり方をしちゃった」だって。その理由は次ページへ

「5月17日の陽線が出て、なんとなく上がりそうな予感がして買ってみたんだ。こういうときって根拠がなくて買ってるから、すごく不安なんだよ」

「トレードに自信がなかったんだね」

「そう。順調に上昇したけど、少しでも下がりだすと、明日は上がってくれるはずだっていう願掛けモードになっちゃって。どこで利確するか、冷静に判断できなくなって……それで6月6日まで引っ張ってしまったんだ。さらに空売りもしちゃった」

どこで利確するか？　その目安になるのが**「新値更新」**ですが、なんとなく買って不安に見舞われた林くんは、冷静に判断できず、勉強したことが活かせなくなってしまいました。さらにもう1つ、利確ポイントを逃した原因があります……。

林くんのトレード❷「森永乳業」の利益確定

買って利確、空売りして利確……両方とも、結果として利益は出てるニャア

6月6日に利確して、さらに空売りもしてるけど、ここでエントリーする根拠はなかったんだよね

「林くんが利確ポイントを逃したもう1つの理由って、な〜に？」

「ちょっと恥ずかしい話なんだけど……」

「欲に目がくらんで、高値で指値してしまって、買い逃したとか？」

「ボクは、勉強した通り、売買はすべて『成行』だから、そんなことはないけど……。
でも、欲に目がくらんだっていうのは当たってる！
サラリーマンになりたくなくて、それで株を始めた以上、少なくとも新入社員の月給ぐらいは稼ぎたいって思って！
だから、このトレードでは25万円、次のトレードでは10万円利益を上げようとか、**金額ばかりを追って、新値を数えるのを忘れてしまった**というわけ。雑なトレードだったなあ……」

『下落に耐えるつらい日々を送った日揮』

「結果的には儲かったんだけど、メンタル的に厳しかったのが日揮」

「メンタルって精神的にキツかったってこと？」

「そう。つらかったなあ」

「次ページのチャートを見てみると……林くん、買いでエントリーしたんだね」

「本当は1700円台で買いたかったんだ。ちょっと遅いかなあと思ったんだけど」

林くんのトレード❸「日揮」(1963) を買い

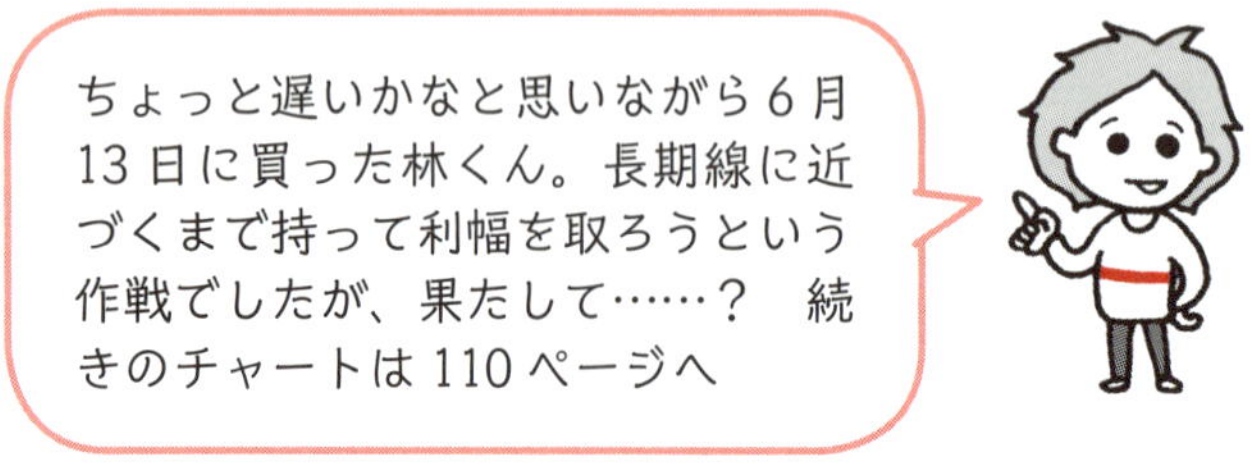

「じゃあ、なんで手を出したの？」

「日揮は、長期の移動平均線（75日平均線）まで株価が上がると跳ね返される傾向があったんだ。それで、１８００円台で買っても75日平均線まで上がれば、その分の利幅が取れると思ったんだ。ところが……」

「下がってるっ！」

「どんどん下がって、そのうち含み損が40万円近くなって、そんなに損を抱えたのは初めてだったから、朝起きると暗〜い気持ちに襲われたよ。本当に、買って以降の数日はつらい日々を送ったなあ」

「よ〜く、わかる。そんなとき、ネコは食欲もなくなって、明日に期待を抱いて眠るんだ……」

林くんのトレード❸「日揮」の利益確定

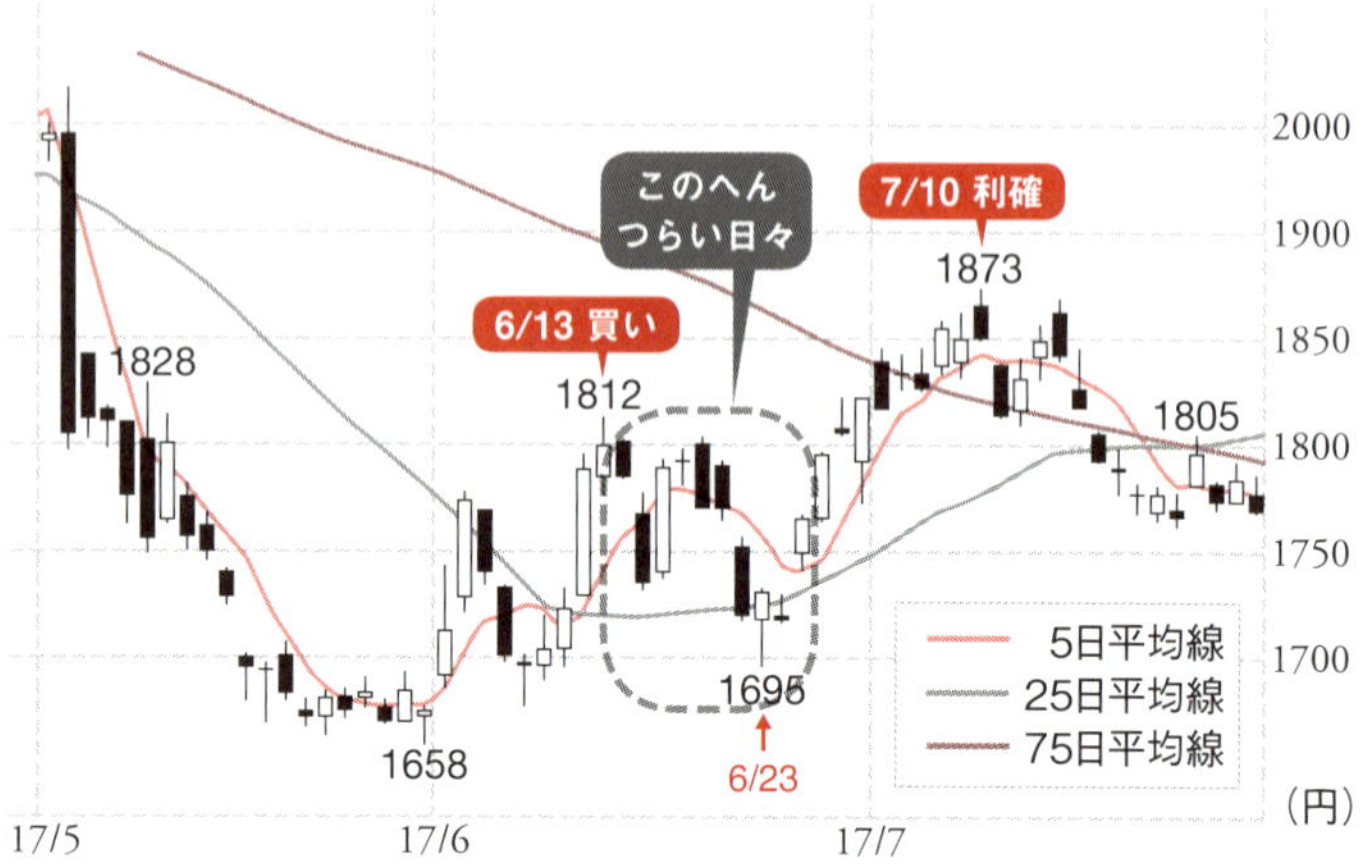

このへん
つらい日々
7/10 利確
6/13 買い
1873
1828
1812
1805
1695
1658
6/23
2000
1900
1850
1800
1750
1700
（円）
17/5
17/6
17/7
5日平均線
25日平均線
75日平均線

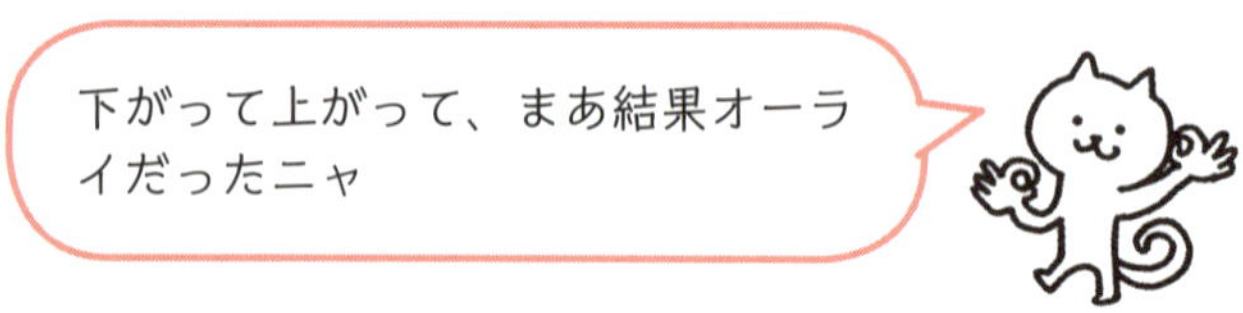

下がって上がって、まあ結果オーライだったニャ

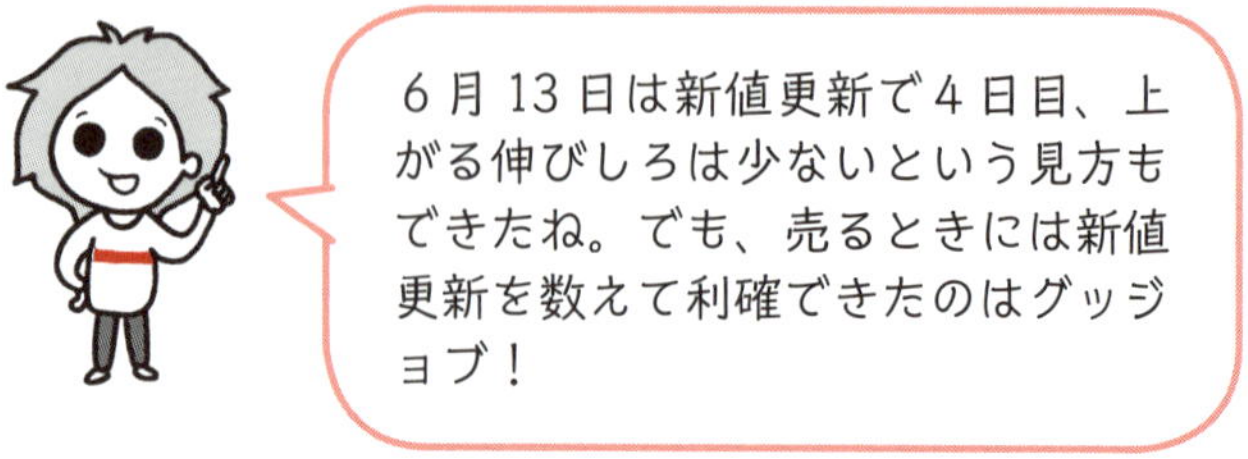

6月13日は新値更新で4日目、上がる伸びしろは少ないという見方もできたね。でも、売るときには新値更新を数えて利確できたのはグッジョブ！

「そして、安値1695円をつけた6月23日。真っ暗な気持ちだったよ。でも、相場が終わったときには『大丈夫だ』っていう気分になれた。1700円あたりは底値だし、その日のローソク足は陽線で、終値で上昇しているので、これ以上の下落はないだろうと予測できたんだ。そして、その通りに上昇していって、利確。つらい思いはしたけど、利益は大きかったよ」

利確した日は、6月23日を起点にして**新値5日目以降の陰線**です。これは勉強通りでグッジョブ！

結果的に利益を得ることができましたが、**商売の鉄則は、少しでも安く仕入れる**ということ。これは株式トレードの鉄則でもあります。

『売りを損切りして、買いに転換！「ドテン返し」のアイカ工業』

「次のアイカ工業では、勉強の成果が活かせるトレードができたんだよね？」

「２０１７年12月のトレードだね。実は、その前は稼げないときもあったんだ」

「損切りばっかり？」

「そうだね。**敗因は『何もしない』ができなかったこと**。上昇トレンドの銘柄なのに、持ち続けることができなくて、ちょっとプラスが出た時点で利確して、次の銘柄に手を出したら、それで損して、また違う銘柄では利益が出て……。

いろいろトレードして動いた割には、プラスマイナスゼロっていう感じだったんだ。

林くんのトレード❹「アイカ工業」(4206)を空売り

4000円を上値に見た横ばいトレンドととらえたんだね。横ばいは3ヵ月くらい続くケースが多いけれど、果たして……?

それでもっとしっかりトレードしようと決意したんだ」

「アイカ工業は、空売りから入ったの？」

「そう。12月5日に空売りをしたんだ。前の高値に並んで、4000円の節目にタッチしたから。このときまで株価は4000円をなかなか超えられずに下がっていたんだ。ということは、条件が揃ったから、速攻で売り！」

「翌日は陰線が出て、順調に下がりそうな気配だけど……えっ、上がってる！」

「うわーっ！　上がっちゃった‼　って一瞬、頭の中は真っ白。でも、すぐ冷静になったよ。株価は前の高値の4000円をあっさり抜いて上がっていった。これはセミナーで学んだ買いパターンだ！　そう判断して、すぐに『売り』を損切りして、『買い』に転じたんだ」

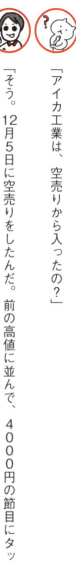

林くんのトレード❹「アイカ工業」の利益確定

前の高値を抜けたから「買い」に転じる。超簡単なトレードだけど、言うは易く行うは難し……それができたのは、日頃の成果だね！　林くん、ナイスプレー！

「それがズバリ！　当たったんだね。損切りして買って、売って利確して、すごいファインプレー！」

「でも、売りから買いに転換するには、勇気が必要だったよ。高値を抜けたら、上昇するから『買い』はセオリー通りというのはアタマでわかっていても、もし万が一、下がったら、ダメージは2倍……それなら、違う銘柄を探して勝負したほうがいいのかなあ、と迷ったのも事実。気持ちを切り替えるのはすごく難しかった。でも、売りから買いにポジション変更をして、12月18日に利確したよ」

「その日は上昇を始めた日（12月5日）を起点にして、新値を数えると5日目以降の陰線。利確もちゃんとスタディ通りだね！」

「損切りしたけど、十分な利益を出すことができて、われながら、いいトレードだったと思うよ！」

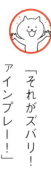

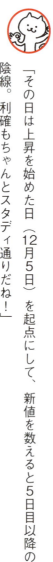

「売り」を入れた日は、上昇の新値更新で5日目。また4000円の節目でもあり、株価は天井圏と判断して、素直に「空売り」を仕掛けられる局面です……が、翌日は陰線が出て、下がりました。さらに次の日、陽線が出て、前の高値を抜いて上がっています。

ここは「ヤバい！」と考えて、前の高値を抜けたからには「損切り」すべきです。さらに、「買い」を入れられればグッジョブ！です。**同銘柄で「売り」から「買い」、あるいは「買い」から「売り」に転じるのを「ドテン返し」**といいます。

林くんのトレードのポイントは、**しっかり損切りをして「買い」**に転換できたこと。とはいえ、林くんが言うように、「ドテン返し」は簡単なようで、なかなかできないのが現実です。ボクは「ドテン返し」は、株式トレードで一番難しいテクニックだと思います。アタマで「わかる」ことと、実際に「できる」の間には大きな隔たりがありますから。その差を埋めるために勉強が必要なのです。

Column2

見るべき銘柄は「東証一部」の大型株のみ

ここまで、勝てるチャートのパターンについてお話ししてきました。見るべきチャートには、条件があります。それは、**過去の株価の動きを知ることで、ある程度、先の動きが読めること**。つまり、**再現性のあるチャート**です。

JASDAQやマザーズなど**新興市場の銘柄は、出来高が少なく約定しづらかったり、株価が急上昇したり急降下したり、動きが読みづらい**傾向にあります。安定的な値動きをしづらいわけです。そこで、再現性を見出すのが難しい新興市場はトレードの対象から外してけっこうです。

チャートの再現性という点で、ボクがおすすめするのは、**時価総額3000億円以上、東証一部の大型株銘柄**です。

時価総額が大きく、出来高も大きい銘柄のほうが、多くの人が売買している分、「上がる、下がる、横ばいになる」という局面が、比較的コンスタントに出現します。すでに説明したように、上昇は2～3ヵ月、下落は1～2ヵ月、横ばいは3ヵ月ほど……どの銘柄も下落は早いが上昇のスピードは遅いというのも、再現性の1つです。

たとえば、アンケート調査でもサンプル数を増やしたほうが、より実態に近い結果が得られますよね。それと同じように、**より多くの投資家が集まる東証一部市場のほうが、上がったら下がる、下がったら上がるという繰り返しが行われ、チャートの再現性**が見られるのです。

実は、相場の基本は動きません。なのに、投資する人の感情で株価は上下しているのです。動かないものに対し、下がれば買い、上がれば売る……この繰り返しで、コツコツと利益を積み重ねていきましょう

Part 5

美馬さんの「完璧すぎるトレード」の舞台裏

『400銘柄を毎日愚直に見続けた！美馬さんの手堅いトレード』

美馬さんは、「投資」といえば「投資詐欺」「損はしても儲からない」など、マイナスイメージしか持っていなかったと言います。

それが、知人を介してボクのセミナーに通うようになり、株の勉強をスタート。チャートを見慣れていくうちに、だんだんと「チャートがこうなったら、次は上がる（下がる）？」と予測できるようになり、がぜん株式投資が楽しくなっていったそうです。

そうして半年の勉強を経て、実トレードを始めました。

今でも毎日、「ＪＰＸ日経４００」（２０１４年から公表された新しい株価指数）を構成する４００銘柄すべてのチャートを考察。その中から投資する銘柄を選び、手堅いトレードをしています。

美馬さんの投資スタイルは、少ない運用回数で利益を上げるという、まさに本書のテーマと同じ。これから紹介するアシックス、日本ペイントでは、売買のタイミングから利確ポイントまで、お手本のようなトレードをしています

まずは、美馬さんのトレードを考察する前に、美馬さんの投資についての考え方や勉強法を聞いてみたいと思います。これから株式投資を始めようという人も、今トレードをしている人も、きっと参考になるはずです。

株式投資はコワいから、根拠のあるトレードのみ！

「美馬さんは少ない運用回数で、利益率の高いトレードをするって聞いてるけど？」

「そう言われると恥ずかしいですね。実トレードを始めた最初のうちは、元金を減らしたくないとか、もっと稼ごうとか、そう思う気持ちが強くて、上がったら、すぐ利確したり、なんとなく逆張りしてしまったり……」

「それで損したニャ？」

「損はしなかったけど、思ったほど増えなかったなあ」

「余計なことをしたせいで運用回数は多いけど、それに見合う利益は出なかったっていうことかニャ？」

「『お金が減るのがコワい』という思いから、余計なことをしてしまったんだけど、反対にそういう気持ちがあったからこそ、現在の投資スタイルができたと思うな」

「それはどういうスタイルなの？」

「つまり、**損するのがコワいから、根拠のない売買はしない、余計なことはしない。**堅実なトレードをしようと思った」

「根拠って？」

「なぜ、ここで買うのか、売るのか？　エントリーポイントにきちんとした理由があるっていうこと。それも、**1つではなく複数の条件が揃ったらトレード**する。**理由が何もない、あるいは1つしかなければ何もしない。**自分の中でルールを明確にして、それに徹するようにしたんだ。

条件が揃ったうえでトレードして、株価の動きを追っていくと、ここで買い増しできる、あるいは追加で売れるっていうポイントが見えてくる。そのポイントでまたトレードして利確ポイントまで持っていればいい。だから、余計な動きをする必要はないんです。**余計な動きをしないから、当然、ミスもリスクも減ります。**

結果、利益率が自然と上がっていきました」

「『多次元の判断』って、かっこいい！　ネコの世界は一次元なんだニャ。過去も未来もなく、『今』があるだけ。それじゃ勝てないのね」

ボクは**「多次元の判断をしましょう」**と常々、言っています。それは**「1つの条件だけでなく、複数の条件が揃ったときに売買の判断をしましょう」**というのと同じ意味です。

たとえば、「高値を抜けたから買う」だけでは一次元の判断です。移動平均線の向き、トレンド、過去の値動き、さらに上級者になれば日経平均、必要なら世界情勢まで見て判断する……それが多次元の判断です。

美馬さんは「損をするのがコワい」、つまり「損をしたくない」から、売買するときには「なんとなく」ではなく、きちんとした理由を考え、さらに複数の理由があって初めてトレードしています。そして、それをマイルールにして徹しています。これも大事なことです。

「慣れれば４００銘柄を30分で見られるように！」

「聞くところによると、美馬さんは、４００銘柄のチャートを毎日、考察してるんだって!? そんなことが可能なの？」

「見るのは日足で、最初は1銘柄に5分はかかりました。慣れていないと、考察に迷ってしまって。『４００銘柄×５分』で２０００分、約33時間。だから、1日じゃ終わらない。だけど、それをずっと続けていると、だんだん早くなってくるんですよ」

「そんなこと言っても、４００銘柄を1日じゃ見終わらないでしょ」

「いいえ。**今では４００銘柄を見るのに長くても1時間、平均すると30分ほど**です。

チャートの勉強を始めて1年ぐらいたった頃からかな、パッパッパッと見られるようになって、1銘柄を数秒で見られるように。だから、毎日チェックしてもそんなに時間はかかりません」

「ニャニャ……パッと見るって、どういう見方をしてるの？」

「それはね、チャートを『形』で見るんです。この形状は上昇、これは横ばい、下落、高値に並んだ、安値を割った……とかね、形として頭に入っている。

それで、**さっと見てエントリーできない形なら、スルー。エントリーできそうならチェック。**スルー、スルー、スルー、チェック、スルー……この繰り返しなんです。

すると400を見ても10銘柄は残らない。残念ですけどね」

「残った10銘柄をじっくり考察するんだニャ？」

「週足や月足も見て、『明日こうなったら手を出そう。エントリーしたら、こうなる

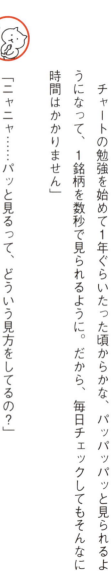

までホールドしてみよう』と1銘柄ずつ検討するんです。それで翌日、予測通りに動いたら売買する。でも、予測が外れたら『何もしない』」。

パソコンのモニターに400銘柄のチャートを次々に表示していって、エントリーできそうな「形」を探すだけの単純作業です。とはいえ、それがビギナーには難しいのでしょうけれど、見て慣れて、エントリーできる「形」を実感していくしかありません！　逆をいえば、見て慣れていくうちに必ずわかります。

たとえば掛け算の九九。みなさん、「3×8＝24」は「さんぱにじゅうし」って頭の中にすぐに浮かびますよね。それと同じです。これをボクは「暗算的思考」と言っています。トレーニングを根気よく続けると、400銘柄を30分で見られる暗算的思考が身につきます。

『セオリー通りに「空売り」ができたアシックス』

「美馬さんは、アシックスが好きらしいニャ？」

「はい。チャートがわかりやすくて好きなんです。相性のいい銘柄っていうのがあって、アシックスはその１つです。

８月１日に『空売り』でエントリー。理由は、その前日は陽線が出て、短期移動平均線が中期線に近づくかに見えたのに、翌日１日には大きな陰線が出て、中期線から離れていきました。それに、短期移動平均線が中期線の下にあって下落トレンドだし、前の安値を割っています。複数の条件が揃ってます」

「トレードを始めたばかりで、空売りはコワくなかった？」

美馬さんのトレード❶「アシックス」(7936)を空売り

それまで節目の2000円付近で並んでいた株価が、グンと2000円を割り込んだよ。さあ、このあとの動きはどうなるかな？

「信用枠を全部は使ってませんよ。今でも、空売りは自分の資産の範囲内でしか、やりませんから、現物と大差ないと思います」

美馬さんは管理能力があるということです。38ページで説明したように、信用取引自体はコワくありません。間違った使い方がコワいだけ。基本は借り入れをせずに、下落トレンドで「空売り」するときにだけ使えばいいのです。

「利確したのはいつニャ？」

「8月14日。売りでエントリーした8月1日を起点に『新値更新』を数えると8月9日が5日目、利確は5日目以降に陽線が出たときなので、この日です。アシックスは上昇や下落、横ばいなどの『形』がわかりやすいから、得意な銘柄なんです」

美馬さんのトレード❶「アシックス」の利益確定

8月14日は、始値1739円、終値1741円で、終値のほうが微妙に高い陽線ニャア

セオリー通りのトレードです。トレーニングさえ積めば、みなさんもこういうトレードができるようになります。がんばって～！

『売りも買いも、根拠あるトレードで利確できた日本ペイント』

「日本ペイントも空売りから始めたニャ」

「8月23日の長い陰線で空売り。根拠は前の安値を割った、4000円の節目を割り込んだ、前日にいったん上昇したものの下落している、移動平均線を見ると下落トレンド。これも複数の条件が揃ったので売りでエントリーです」

「利確はいつしたの？」

「9月6日です。新値更新5日目以降の陽線の日です」

美馬さんのトレード❷「日本ペイント」(4612)を空売り

「日本ペイントは売りだけじゃなく、買いでも取ってるんだね」

「そうなんです。買いで入ったのは10月11日。根拠は『前の安値』にほぼ並んだのと『横ばいトレンド』。それと下落が始まった9月28日を『1』として、下落の新値更新を数えると10月6日が5日目になります。そろそろ底値と考えてもいい頃ですね」

買いを入れたポイントですが、美馬さんは「横ばいトレンドであること」を確認しています。横ばいのあとに上昇か、下落トレンドになるからです。

たとえば9月6日、安値3605円をつけて陽線で引けた日。チャートで見ると、美馬さんが買った日（10月11日）と同じような形に見えますよね。ところが、エントリーする条件を考えたとき、この日には買える根拠が「何もない」んです。ですから、ここでは「何もしない」のが正しいのです。

美馬さんのトレード❷「日本ペイント」の利益確定

9月6日も、10月11日も、チャートの谷を表していて似ている形だけど、9月6日のほうは買える根拠がニャいのか……

「もちろん、買ったあとの利確は新値更新を数えたんだね。」

「10月11日を1日目として5日目以降の陰線で10月25日に利確。このトレードでは約8％の利益が出ました」

「10月11日のエントリーから25日の利確まで、見事な上昇幅を利益に変えて、アメージング！」

『急上昇にコワくなって利確を急いだ東京急行』

「次に紹介するのは、東京急行。これは、マイルールを少し外してトレードしてしまった銘柄です」

「関西人なのに東京急行？」

「それは関係ないやろ！」

「ま、そうだニャ。ネコは東京人だけど、ＪＲ西日本の株で儲けたことがある……。でも、マイルールを外れるって？」

美馬さんのトレード❸「東京急行」(9005)を買い

こちらも、日本ペイントで買いを入れたとき（135 ページ）と同様にきれいな上昇トレンドだけど、こっちは新値更新も数えないで利確しちゃうの !?

「10月4日に買ったんだけど、ここまで横ばいだから、安値で買って高値で売る売買を繰り返そうと思ってたんです。この日は短期の移動平均線が中期線を割らずに上昇しそうだから、買ってみたんだけど、根拠はこれ1つなんですよ。複数の根拠でしかトレードしないと決めてたのにね」

「でも、予測通りに上昇トレンドに入ってる！」

「ただ、**買いに根拠がなかったから、急騰がコワくなっちゃって。**それで10月10日に利確。この利確だって新値更新をきちんと数えずにルールを外れてる」

「そっか……まあ、儲かったからよかったね」

「それは結果論だね。売買を判断するとき、ボクは感情移入をしてはいけないと思ってます。判断するときは客観的根拠を軸に決める——これもマイルールなんだ。今まで『こうなったらいいな』『あそこでこうしていれば』っていうタラレバで判断して、

いい結果になったことは人生で一度もなかったからね」

「美馬さんのマイルールは経験から生まれたルールなんだニャ。重みがあるニャア」

前に紹介した林くんの日揮（107ページ）の売買と同じです。

「なんとなく上がる」――確かに複数の根拠がないトレードは危険です。ただ、「勘」というのはあります。といっても根拠のまったくない「勘」とは違います。たとえばプロ野球選手。プロが打席で「次はカーブが来るな」と予想するのと、せいぜいキャッチボールぐらいしかしたことがないアマチュアが「次はストレートだ」と予想するのでは、精度が全然違います。それと同じです。**勘に頼るトレードはしませんが、「上がる」「下がる」「横ばい」という勘が働くことは確かにある**のです。ただし、その勘もトレーニングの成果があってこそです。

Part

6

「明日の奇跡」にすがった岩城さんの結末

『損切りに踏み切れない岩城さんに、「あるある」の共感が集まる!?』

「損切りがめちゃくちゃイヤ」で「めちゃくちゃヤラれた」という岩城さんのトレードをこれから紹介します。

トレードしたことのある方でしたら、岩城さんの「ヤラれる」過程での心の動きに共感する人は多いはず。ドツボにはまりかけても「いつか奇跡が起きるかも」と信じて、なかなか損切りに踏み切れないプロセスは、まさにトレード「あるある」です。そして岩城さんの事例は、こんなときには「ヤラれる」(笑)、まさにお手本のようなトレード。

もちろん、岩城さんはしっかりチャートの勉強をして、きちんと利益も上げています。**成功を引き寄せたトレードは、根拠のあるエントリーをして、ルールを守って売買した成果**です。根拠とルールがいかに大切か、わかっていただけると思います。

トレーニングは「質より量」が大事！

「株とは関係ないけど、岩城さんは小学校4年のときに卓球を始めたんでしょ？」

「大学生のときはホンマに卓球しかしてなくて、1日10時間ぐらい練習して、体育館に住んでるみたいだった……。今でも卓球は続けてますよ」

「メンタル面で、卓球の試合や練習がトレードに活かせることってあるのかニャア？」

「そうだなあ～。試合ではどんな状況に追い込まれても、自分を見失わないメンタルを身につけたけど、これはトレードにも活かせると思いますよ。でも、実際は株価の動きを見て、冷静になれないときはいっぱいあるけどね。

それともう1つ。卓球のトレーニングを重ねてきてわかったんやけど、**『質より量』が大事。『質』というのは量をこなした結果からしか、生まれへん。**だから、量をこなしてこそ、質が身につくっていうのは実感した。トレードの勉強も同じです」

「美馬さんみたいに、４００銘柄のチャートを毎日、見てる？」

「うっ……見ることもありますよ。毎日は見てないけど……」

ボクが教えた生徒さんで成功している人はみなさん、本当によく勉強しています。美馬さんも毎日４００銘柄を考察していますしね。中には平日4時間、週末8時間、チャートの勉強を2年間して、今では1日３０００銘柄のチャートをすべて考察して、売買する銘柄を選んでいる方もいます。その結果、彼は最高で月利50％（投資額の半分が利益）という驚異的な利益率を上げています。

量をこなすというのは大事です！

『強気にホールドしてうまくいったMonotaRO』

「それじゃあ、岩城さんのトレード履歴を見てみよう。まずは強気で勝負したＭｏｎｏｔａＲＯ（モノタロウ）から。１４７ページのチャートだね」

「これは成功例。結構、うまいことできました」

「２０１７年８月22日。ここで空売りした根拠は？」

「移動平均線を見ると８月17日、18日に短期線が中期線を超えそうになるけど超えられずに下がっています。これは下落トレンドと予測して、ここで空売り。それに下落の始まりの８月16日を新値更新で１日目と数えると、まだ下落する余地がある。条件

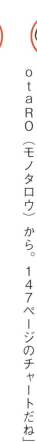

が揃ったから売りました」

「その後はずっとホールドしたんだね。でも、安値３１３５円をつけて上がり出したときにはコワかったんじゃないの？」

「高いところで売れて、思った通りにトレードできると、イレギュラーなことが起こっても平気だよ」

「じゃあ、３５８０円の高値をつけた日も大丈夫だった？」

「まだ損は出てないから……」

「ネコは気が弱いから、とってもガマンできニャい。結局、９月26日まで引っ張って利確したね」

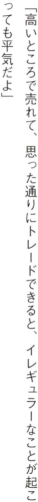

岩城さんのトレード❶「MonotaRO」(3064)の売買ポイント

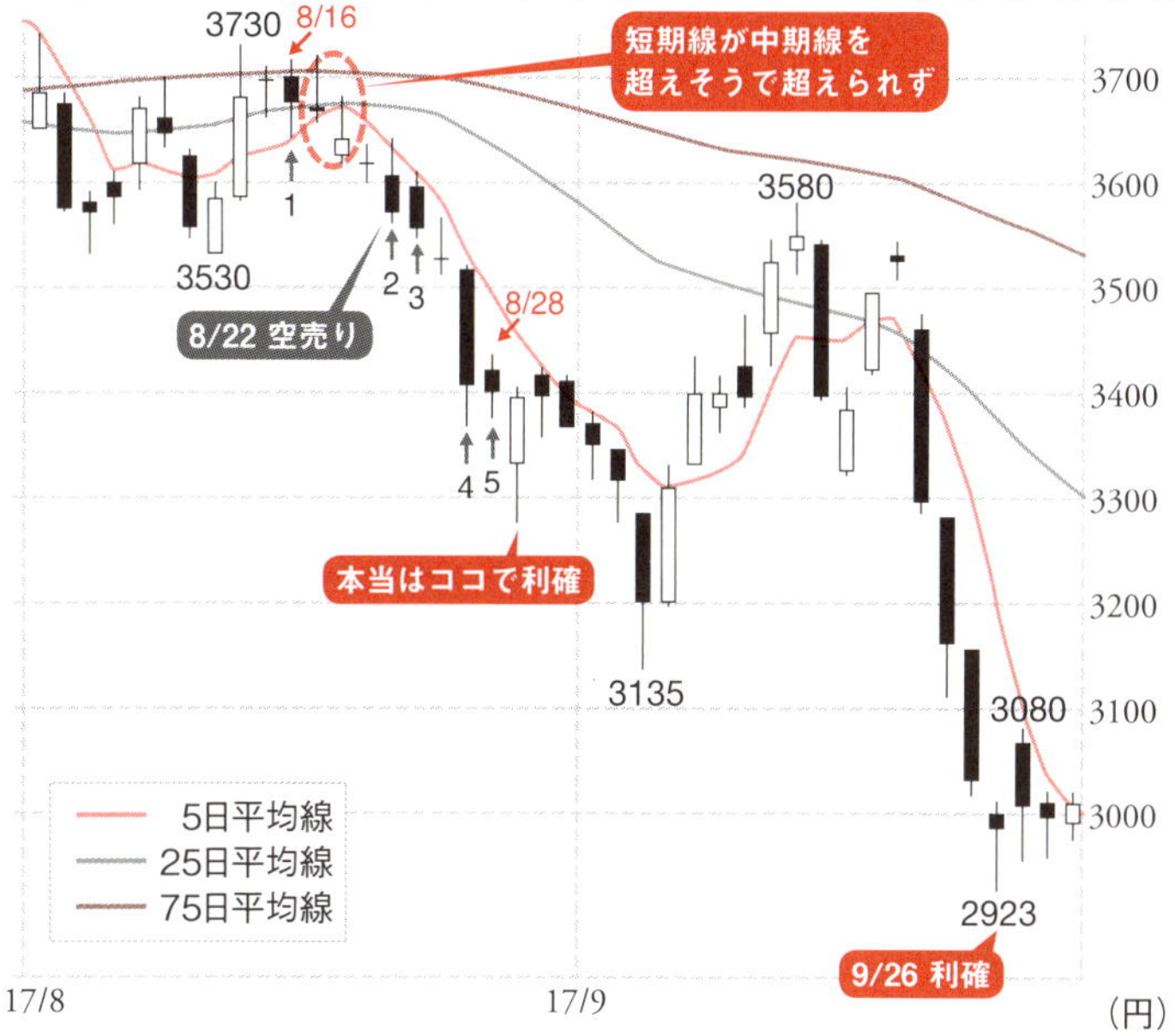

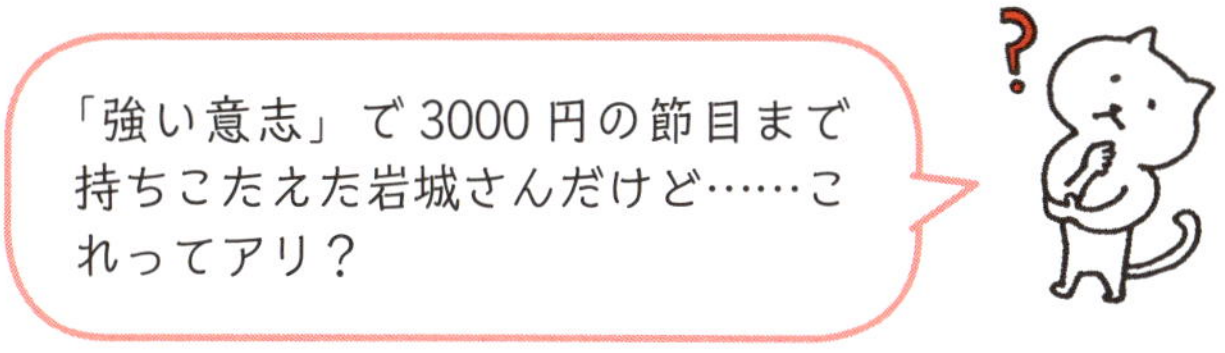

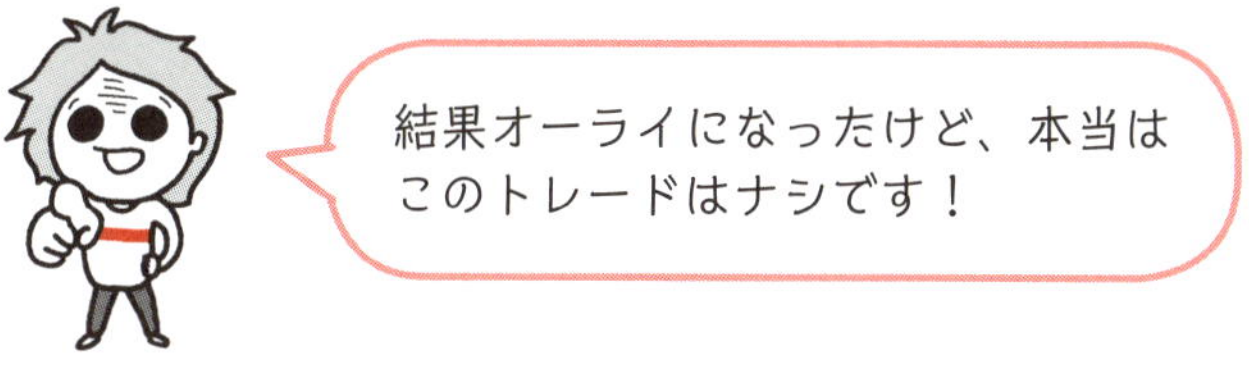

「『3000円まで持っていくゾ！』という強い意志でここまでホールドや！」

「売り」で入るポイントは正しいです。しかし、利確は8月29日にするのが正解です。それは**新値更新5日目以降に反対のローソク足が出たら利確すべき**だからです。下落が始まった8月16日を新値更新1日目と数えると8月28日が5日目。翌日、陽線が出ました。本来なら、ここで買い戻して利確します。

『ルールに忠実にエントリーして勝利を収めたアドバンテスト』

「アドバンテストも強気のトレード？」

「チャート（151ページ）を見ると横ばいトレンド。それなら、高値と安値に線を引いて、下で買い、上で売り、下で買い、上で売り……これを繰り返すトレードができると思った。それが実際、きれいにできたんです！

5月23日は安値1907円で前の安値1865円にほぼ並んだし、1900円の節目だし、条件が揃ったので買いです」

「まず横ばいを確認したんだね。5日の移動平均線と25日平均線がウネウネして、高値が2200円付近、安値が1900円付近のきれいな横ばいだニャ」

何度も言います！　**横ばいは一番稼げるトレンド**です。岩城さんが言うように上で売って、下で買えばいいわけです。そして横ばいが3ヵ月続くと、その後は上に抜けていくか下に抜けるかして、トレンドが転換します。**変化する初動にエントリーすると成果は大きい**のです。まず、横ばいを確認しましょう。そして観察を続けることです。

「横ばいは『おいしい！』と覚えておくニャ」

「7月28日に利確して、同時に空売り。理由は、前の高値2178円付近だからね。この空売りは9月5日に買い戻して利確」

「短期線が中期線を抜けたからだね」

岩城さんのトレード❷「アドバンテスト」(6857)を買い

前の安値と節目に当たって跳ね上がるはず……という岩城さんの読みは、グッジョブ！

5月23日は横ばいが始まって3ヵ月足らずだし、そのまま下落するよりもまた上がりそうニャ

岩城さんのトレード❷「アドバンテスト」の利益確定

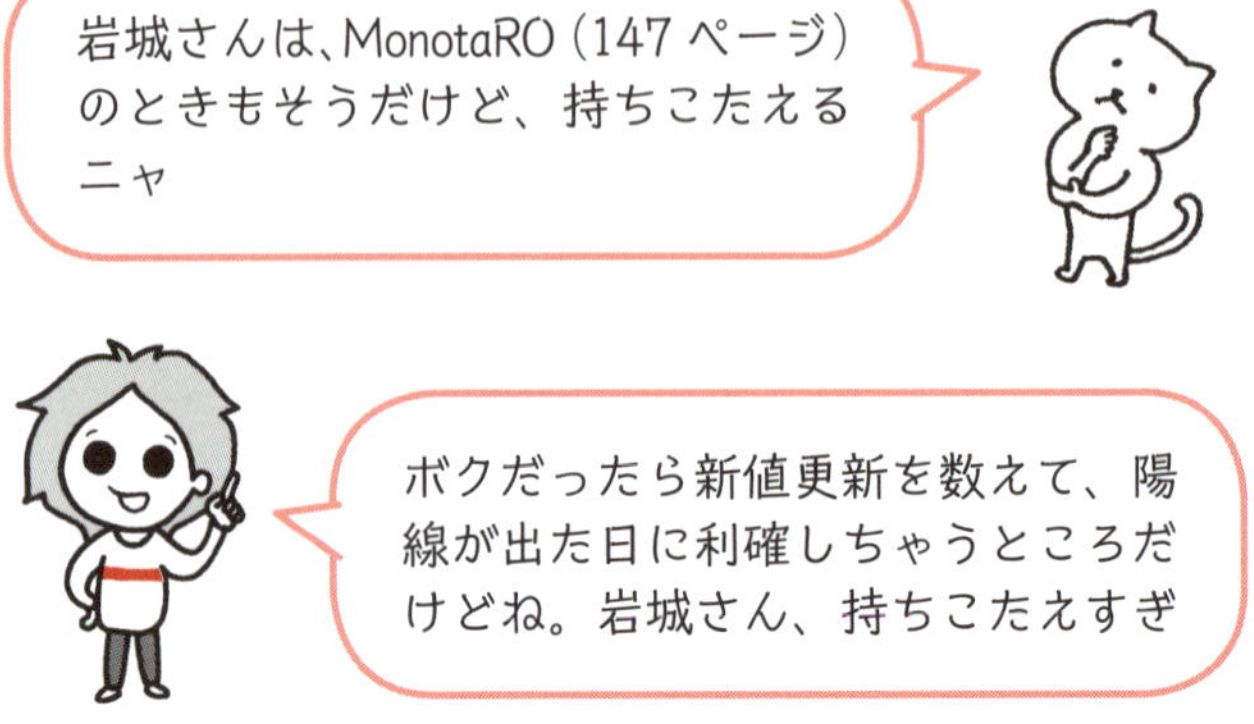

『奇跡を信じて……「めちゃくちゃヤラれた」SUMCO』

「次のトレードのSUMCO（サムコ）では、めちゃくちゃヤラれました。マジで死にかけました……」

「話を聞くのが怖いニャア～」

「これもまず、横ばいを確認しました（154ページ）。10月11日は前の高値1800円あたりだし、1800円は節目です。だから売りました。翌日、バンって下がって、『キタ――――ッ！』と思って、売り増し。そして翌日、ポンって上がった……」

「で？」

岩城さんのトレード❸「SUMCO」(3436)を空売り

ニャニャ!! にゃんと！ 奇跡を願ったあ～

すごくいいところで売ってるし、売り増しも正解です。でも奇跡は起きないですッ！

「奇跡を願ったッ‼」

10月13日、予測に反して上がったのは仕方がありません（156ページ）。

この**上がった株価は、前の高値を抜いて**います。そこで、この時点で**横ばいから上昇トレンドに転換**したと推測できます。だから、下落を予測して空売りをしていたら、素直に「損切り」です。そこで**「奇跡を願う」のはあり得ない**です。

でも、損切りしても、まだ打つ手があります。ちょっと考えてください。正解はあとで……。

「損切りしなかったんだ……」

「上がっていくのを見て、『マジ？　イヤ、明日は下がる』、翌日も『マジ？　イヤイ

岩城さんのトレード❸「SUMCO」の利益確定

ルール通りに考えれば、10月13日は前の高値を超えて上昇する局面です。ボクの経験値でいえば、「70％の確率で上がって、30％の確率で下がる」場面です

ヤ、明日はきっと下がる』って自分の都合のいいように解釈してました。奇跡を信じてずっと耐えて……。結局、耐え切れずに10月20日に損切り……」

「けいくんが言う『70％の確率で上がって、30％は下がる』という場面で、70％を無視して30％に賭けるの？　奇跡に大事なお金を賭けてはマズいニャ!!
でも、岩城さんは損切りしても、まだ打つ手があるって話があったけど？」

そうです。損切り後に打つ手は、**「ドテン返し」**です。ここでも売りを**損切りして、逆のポジション**の買いを入れる「ドテン返し」をする――それが正解です。
利確は、新値更新を数えて5日目以降、反対のローソク足が出たときですね。
ずっと陽線が続いて、10月31日に陰線が出ました。利確です。ドテン返しをした10月13日の終値は１８５４円、31日は２４６７円。６１３円の利益が出ました。

『ホンマに、ホンマに反省しました！ 清水建設』

「売りでヤラれたのがSUMCO。買いでヤラれたのが清水建設ニャんだって……？」

「メチャメチャ負けました。11月24日に買いでエントリー。11月8日に大きく下落して、それ以降は横ばいになりそうだったんです」

「11月8日は午後に決算発表があって、連結営業利益が市場予想に達しなかったんだね。それで急落したみたいニャ」

「そういうファンダメンタルズは全然気にしてないです。この日に買った理由はなんやろうな？（遠くを見る目）

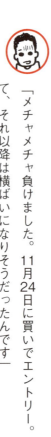

岩城さんのトレード❹「清水建設」(1803)を買い

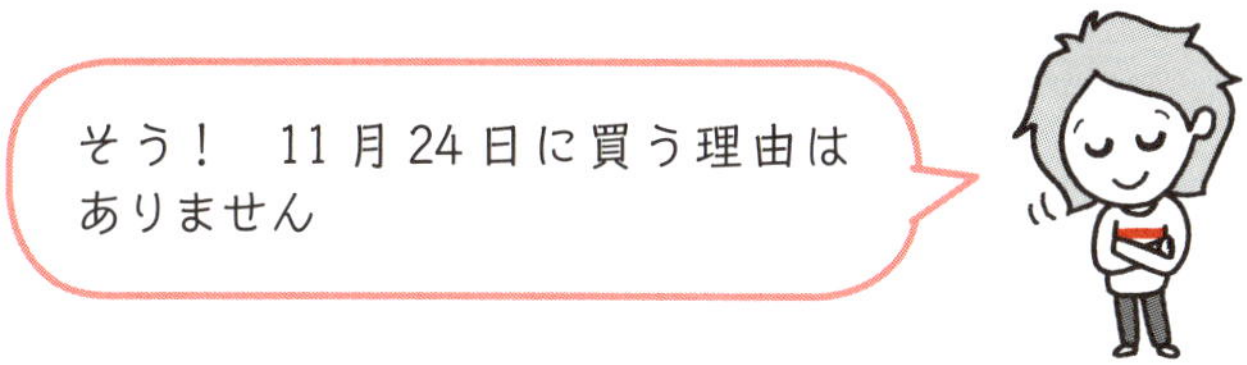

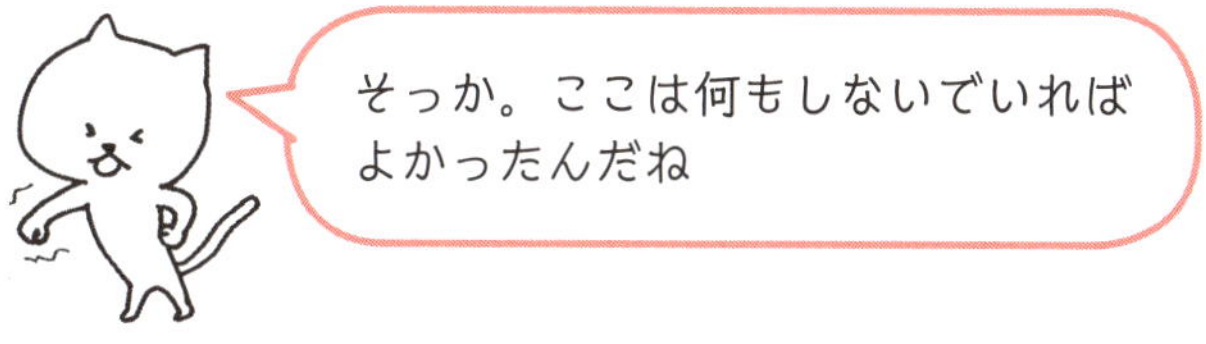

流れ的に上がるのかなっていうのと、週足を見て短期の移動平均線が長期線に接して跳ね上がるかなっていうのと……メッチャ薄い理由です。あとからチャートを見るとなんでこんなことしたんやろって思うんですけどね」

トレードには3つの選択肢があります。それは「買う」「売る」、そして「何もしない」です。

チャートを見て、複数の条件が揃っている銘柄に出会ったら売買します。しかし、売買できる「形」のチャートに出会わなければ「じゃあ、やりませんよ」でいいのです。無理に条件をこじつけてトレードするのは危険です。

「薄い理由しかないときって、少しずつ注文して売買をする『打診買い』はしないの？」

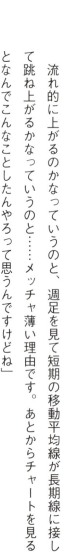

岩城さんのトレード❹「清水建設」の利益確定

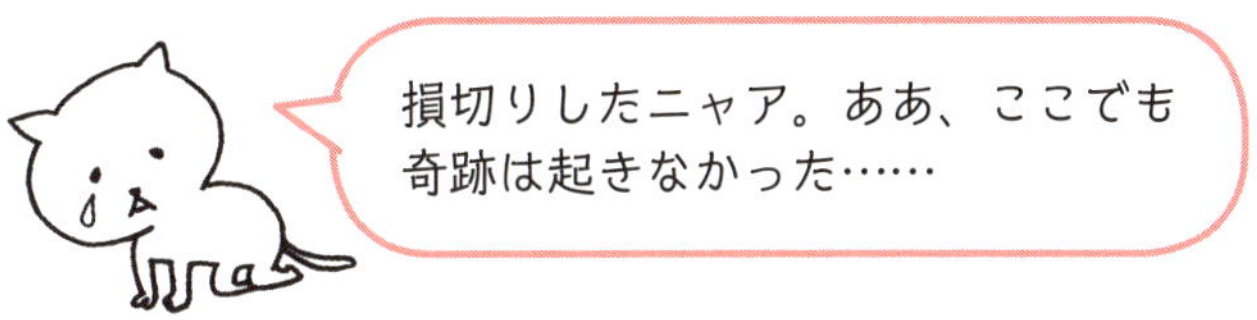

「一気にいっちゃう。『上がるか、下がるかどっちに転ぶんやろ?』って、どこかで楽しんでしまっている自分もいてるんです。でもダメですね。そういうの」

「清水建設は損切りしたんだニャ?」

「下がっても、**『もう1日ぐらい様子を見るか』『ゼネコンだし、そのうち上がるやろ』みたいな確実に勝てへん思考**が働き出して、欲もあるし、ずっと持ち続けて……

結局、12月18日に損切り。SUMCOでも、清水建設でも奇跡は起きなかった」

「SUMCOの経験が活かせなかった?」

「もし、SUMCOで奇跡が起きていたら、もっとエグい負け方をしていた可能性がある。あの経験があったから、ここで損切りできたんだと思います。人生が破綻する額で負けなくてよかった、まだリベンジできる体力が残っているぐらいな負けでよかったかも……。ホンマ、心の底から反省しました」

ボクはマイナスが出ると「もう見たくないから、早く損切りしよう」というマインドになります。ですから、すぐ損切りしてしまいます。**損切り後に、「ドテン返し」をするかしないかは、一度リセットして、改めてチャートの形を見て決めます。**

まず、初級者はちゃんと損切りできるようになってください。そうして損した分はコツコツと勝ちを重ねて取り返せばいいと思います。

『3人の生徒のトレードから学んだ6つの教訓』

ここまで3人のトレードを紹介しましたが、いかがでしたか？

では、3人のトレードから、みなさんがトレードをする際に、心に留めておいてほしいことをまとめてみましょう。

❶売買には**3つの選択肢「買う」「売る」「何もしない」**がある。
❷**少ない運用回数**を目指す。
❸**トレードする前には、複数の条件が揃っているかを確認**する。「なんとなく上がりそう」といったあやふやな理由ではトレードしない。さらに、理由が、た

とえば「前の高値に並んだ」など1つしかない場合にもトレードしない。

❹売買のエントリーをするとき、その時点で**株価のトレンドが「上昇」「下落」「横ばい」のどの局面か**を考察する

❺**奇跡を願ってはいけない！**予測と反対の動きをしたら、損切り。そして**状況によっては「ドテン返し」**を仕掛ける

❻**利益確定は新値更新**を数え、5日目以降に、反対のローソク足（新値更新が陽線だったら陰線）が出現したら手じまいにする。

Column3

忘れちゃいけない! 売買時の手数料

ボクの生徒さんで、今ではトレーダーとして年間1000万円超えの利益を上げている星くん。彼の初トレードで笑い話のような失敗がありました。ある日、にこにこ顔の星くんがやって来て「けいさん、初トレードで儲かったから、ラーメン奢りますよ！」と嬉しそう。

彼はアイフルを空売りして、13万円の利益を出したというのです。人の儲かった話は大好き！　さっそくごちそうしてもらうことにして、ラーメン屋に入りました。そして、星くんは証券会社の口座を確認したのですが……。

「あれっ!?」と困惑の表情を浮かべています。理由を聞くと、口座には7000円しか入金されていないというのです。

「時間差で入金されてくるのかな？」と首を傾げています。

ボクは「そんなはずないよ」と取引履歴を見せてもらうと、「何コレ!?」とビックリ！　彼は**ほぼ毎日、多い日には20回も「買い戻し」と「空売り」を繰り返していた**のです。

「初めてのトレードだったんで本当に買い戻せるのか、心配になって、何度もやってみたんですよ」

さらに手数料は、もっとも高額な設定になっていました。

手数料は証券会社によって、1日何回取引しても定額制であったり、取引1回ごとに手数料が発生したりとさまざまなコースが設けられています。自分の投資スタイルに合った設定にしないと、**儲けが手数料で「飛ぶ」**なんてことも……。

すでに口座を開いている方は、現在の手数料設定を確認しておくといいかも。「1日定額制」、1ヵ月間なら何度取引しても定額の「期間定額制」、売買のたびに発生する「売買都度手数料」など、さまざまな設定があるニャ

Part

7

チャートクイズで売買のタイミングを見極めよう！

『上昇か下落かクイズ！8つの条件に当てはめて予測しよう』

勝つためには、複数の条件が揃ったときにしか売買しないとお話ししてきました。

この章では、実際のチャートを使って、クイズ形式で「上がるか？」「下がるか？」をみなさんに考察してもらいます。

ただし、いざ自分で判断するとなると、「前の高値」という条件1つをとっても、

「これは前の高値に並んだから下がる？」

「いや、前の高値を微妙に超えているから上がる？」

などと判断に迷うかもしれません。そういうときこそ、ほかの条件も考え合わせて、答えを見つけてみましょう。

「節目は超えているか？」「短期移動平均線の位置は？」「横ばいはまだ続きそうか？」「上昇あるいは下落してから何日目か？」……**ほかの条件からもアプローチし**

ていくと、「上がりそう？」「下がりそう？」という答えが予測できるはずです。

実戦での判断力を磨く3つのステップ

ボクは初心者の方が「いざ実戦！」の前に、半年間はチャートを見て、値動きを考察するトレーニングをおすすめしています。トレーニングは、次の３ステップです。

❶チャートソフトを開くこと
❷「上昇」「下落」のサインを探そうという目で見ること
❸サインは、８つの条件に当てはめながら考えること

使用するチャートソフトは、証券会社が提供するものでも何でもかまいません（ご参考までに、191ページで株式投資トレーニングツールを紹介しています）。

気乗りしない日でもまずはチャートソフトを開いてみましょう。小さな一歩でも踏み出すことがポイントです。何もやらなければ成果はゼロですが、少しだけでも行えば、次のステップをうながす可能性があります。

「上がる、下がる」の8つのサインをおさらい

前の高値と安値　❶株価が「前の高値」を超える↓上昇
　　　　　　　　　❷株価が「前の安値」を下回る↓下落
節目　　　　　　❸キリのいい「節目」を超える↓上昇
　　　　　　　　　❹キリのいい「節目」を下回る↓下落
移動平均線　　　❺短期移動平均線が中期線を上回る↓上昇
　　　　　　　　　❻短期移動平均線が中期線を下回る↓下落
横ばい　　　　　❼横ばいが3ヵ月続く↓上昇か下落のどちらかに転換
新値更新　　　　❽上げ止まり、下げ止まりは「新値更新5日」を目安に考える

　8つのサインは、**「前の高値と安値」「節目」「移動平均線」「横ばい」「新値更新」と5つの視点**に集約できます。これらの視点から上昇と下落のサインを見ていきますが、見つからなければ何もしません。「待つ」ことも立派な練習になります。

初級

Q1 京成電鉄（トレンド判断）

このチャートは7月から10月あたりまで、上昇、下落、横ばいのどのトレンドでしょうか？

京成電鉄(9009)のチャート

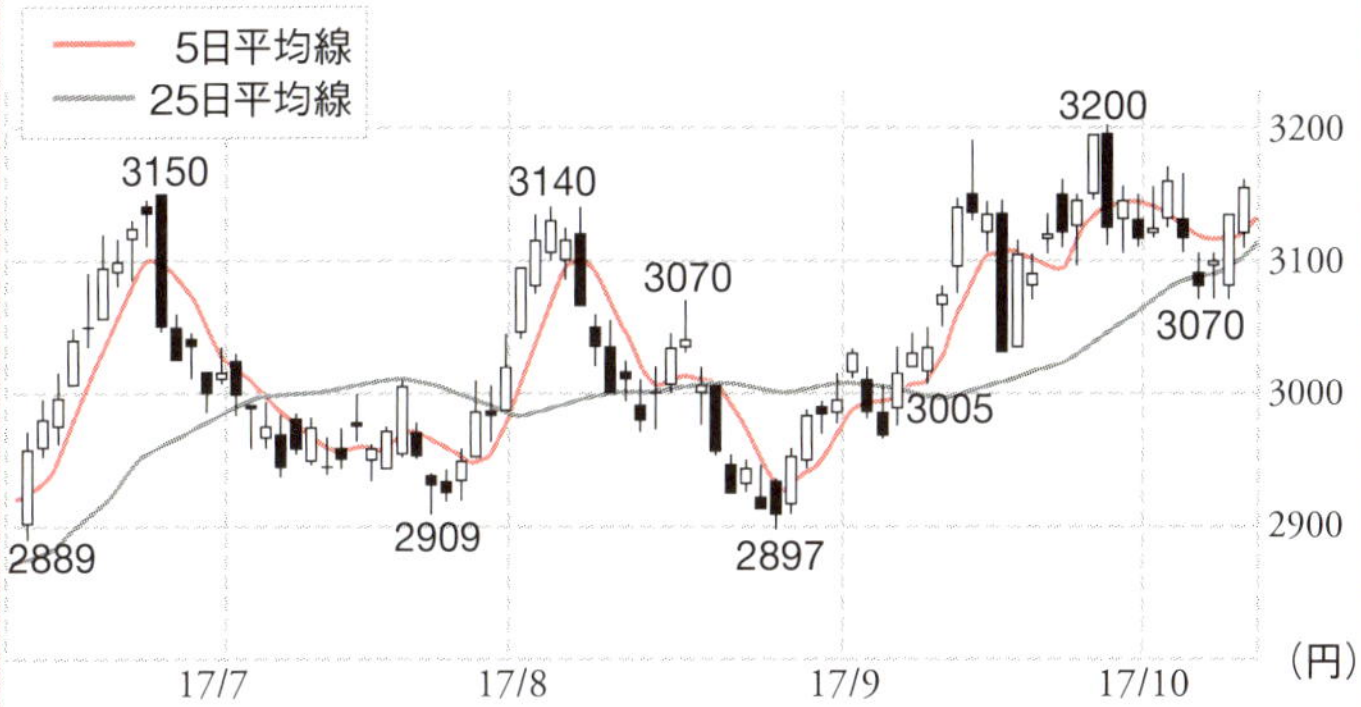

25日の中期移動平均線の上下をうねうねと5日平均線が動いているね

初級

A1 京成電鉄

横ばいのトレンドです。

京成電鉄(9009)のチャート

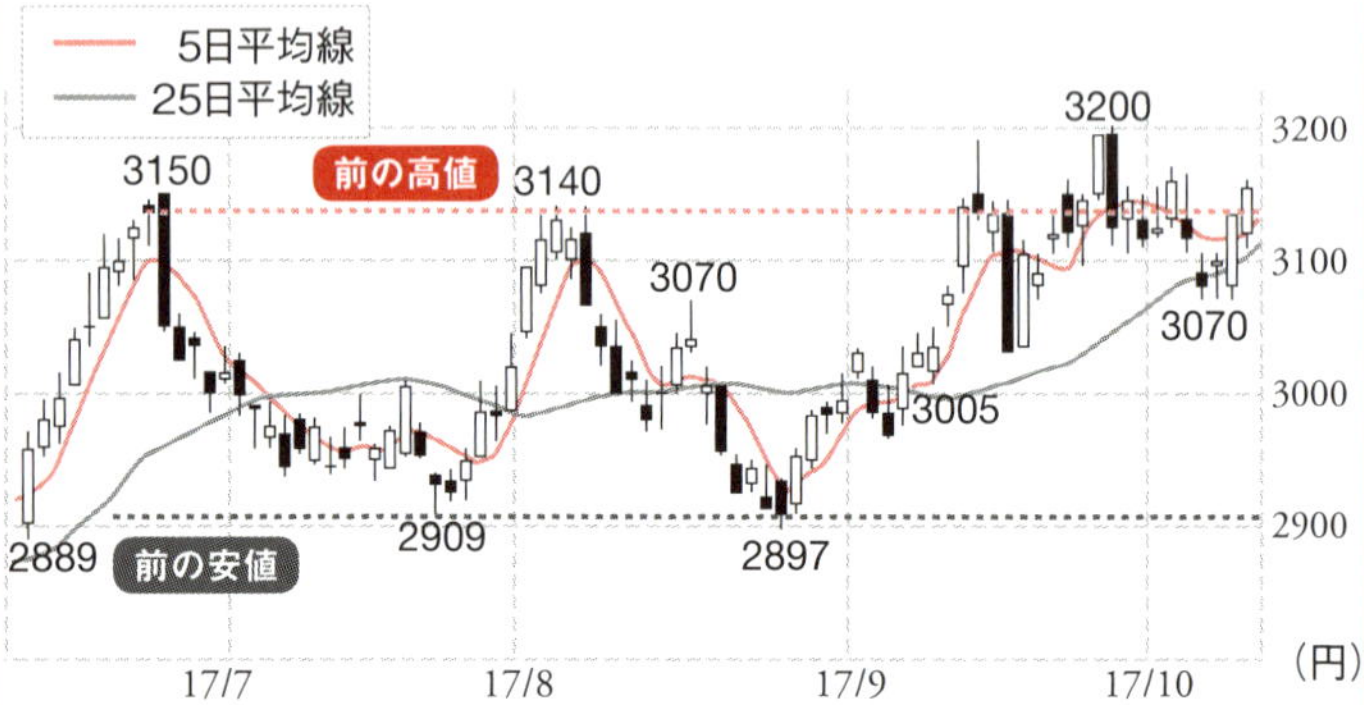

「前の高値」と「前の安値」でラインを引いてみるとわかりやすいかもね

一定の価格帯の間で、うねうねとも
み合っているから「横ばい」なんだね

中級

Q2 京成電鉄（トレンド予測）

10月11日以降、株価は上昇、下落、横ばい、どのように動くと予測しますか？

京成電鉄(9009)のチャート

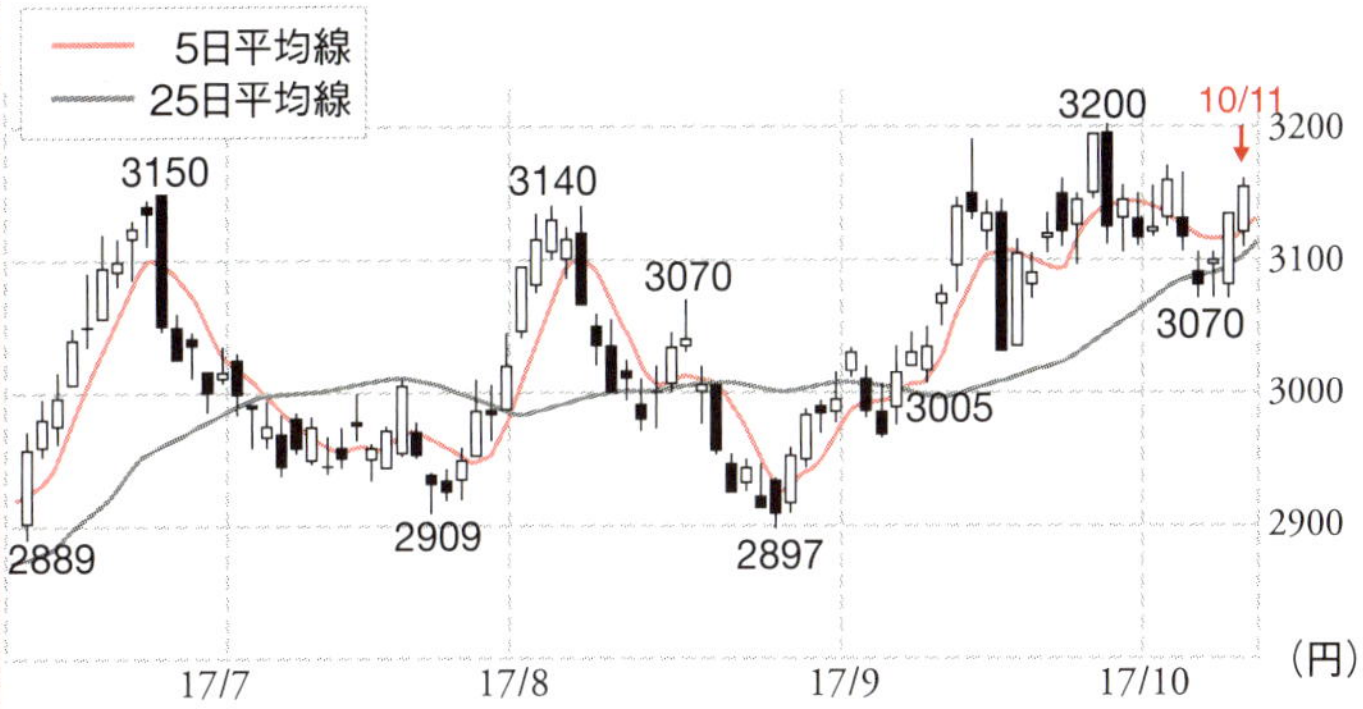

5日平均線
25日平均線
3150
3140
3070
3200
10/11
3200
3100
3000
2900
3070
3005
2889
2909
2897
(円)
17/7
17/8
17/9
17/10

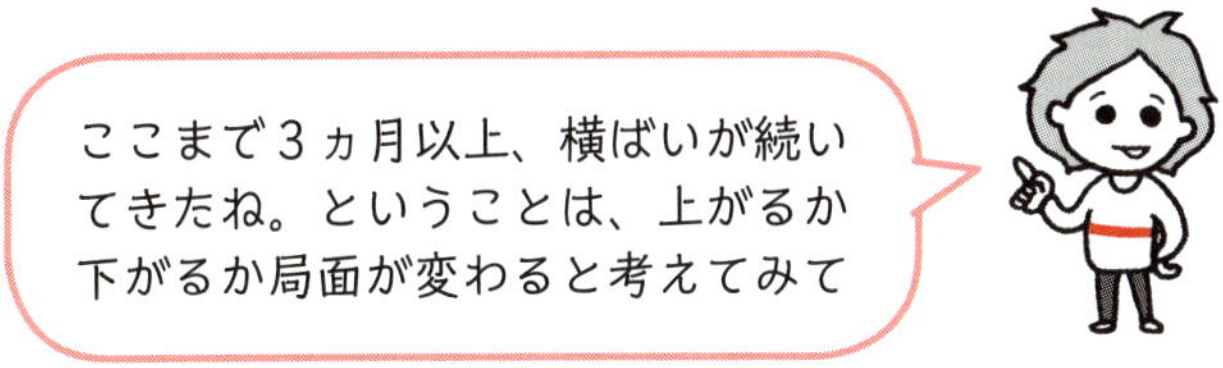

ここまで3ヵ月以上、横ばいが続いてきたね。ということは、上がるか下がるか局面が変わると考えてみて

「横ばい」のあとの局面の転換を見逃すな！

Q1でこのチャートは横ばい局面だと説明しました。それがおよそ3ヵ月続いているので、**❼の「横ばいが3ヵ月続く」**が当てはまります。

横ばいのあとは、上昇か下落のどちらかに転換するケースが多いので、どちらに振れるかを探ってみましょう。

ほかのパターンを見てみると、**❶の前の高値、❸の節目（3100円）**を超えていますし、**❺の移動平均線**が当てはまります。❺の移動平均線は、それまで短期線が中期線を上回ったり下回ったりうねうねと動いていましたが、ここでは下回らずに上がり出しています。

❶❸❺の3つは、上昇のサインです。

さらに、**❽の新値更新**を数えると、前日の陽線を1日目として上昇2日目。まだ上昇する余地はありそうです。

8つのチャートパターンのうち、上昇のサインである5つが該当します。

中級

Q2 京成電鉄の考察

京成電鉄(9009)のチャート

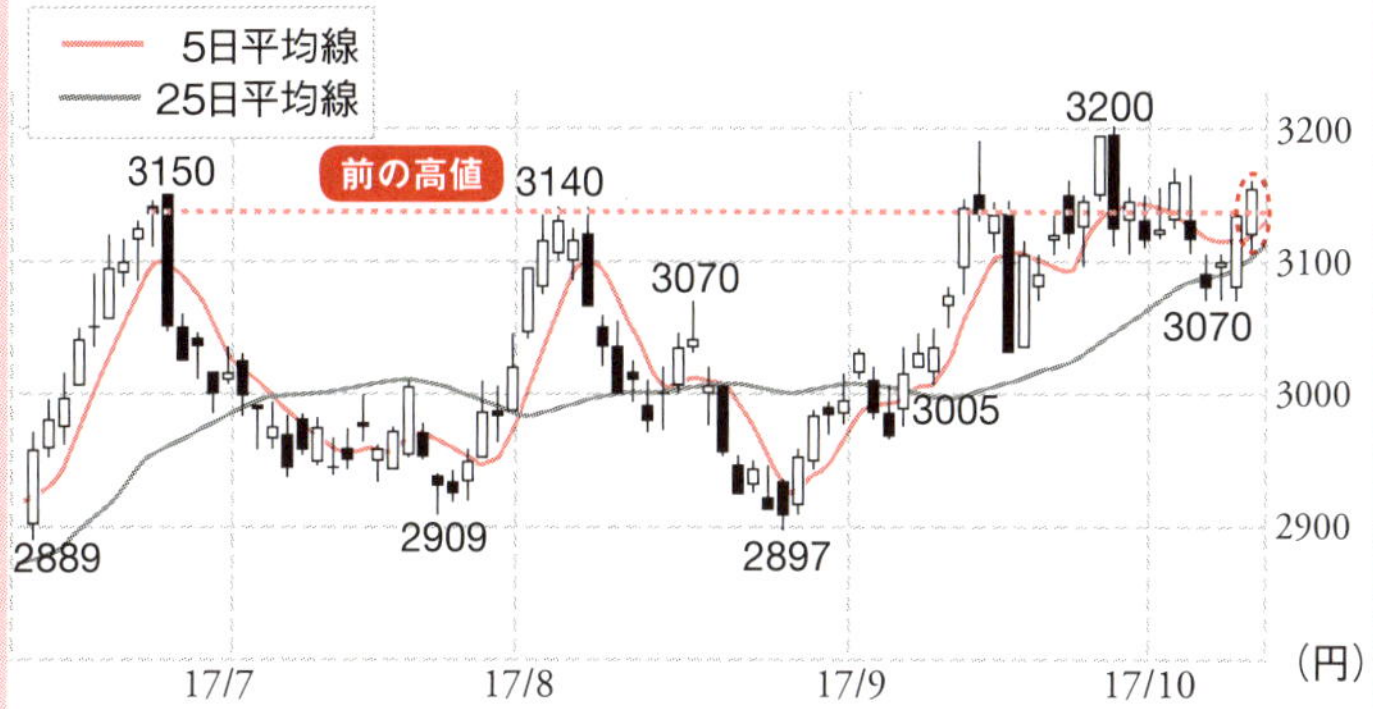

5日平均線
25日平均線
3150
前の高値
3140
3070
3200
3070
3005
2889
2909
2897
3200
3100
3000
2900
(円)
17/7
17/8
17/9
17/10

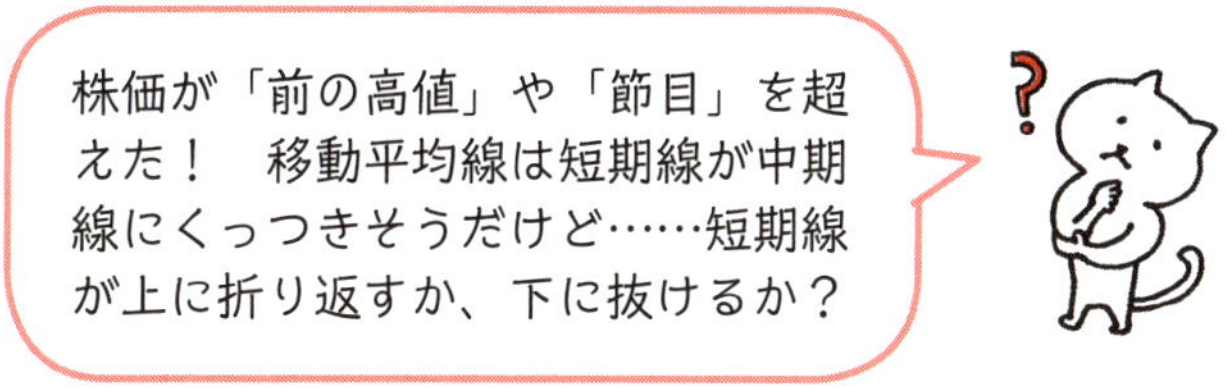

株価が「前の高値」や「節目」を超えた！　移動平均線は短期線が中期線にくっつきそうだけど……短期線が上に折り返すか、下に抜けるか？

中級

A2 京成電鉄

以下のように上昇トレンドに入りました。

京成電鉄(9009)のチャート

10月11日は「買い」の決断をする場面です

初級

Q3 京成電鉄（利益確定）

10月11日に「買い」を入れて約定した場合、どこで利益確定をしますか？

京成電鉄(9009)のチャート

これは「新値更新」のルールを思い出してみてね

初級

A3 京成電鉄

「新値更新」を数えて、10月23日に利益確定します。

京成電鉄(9009)のチャート

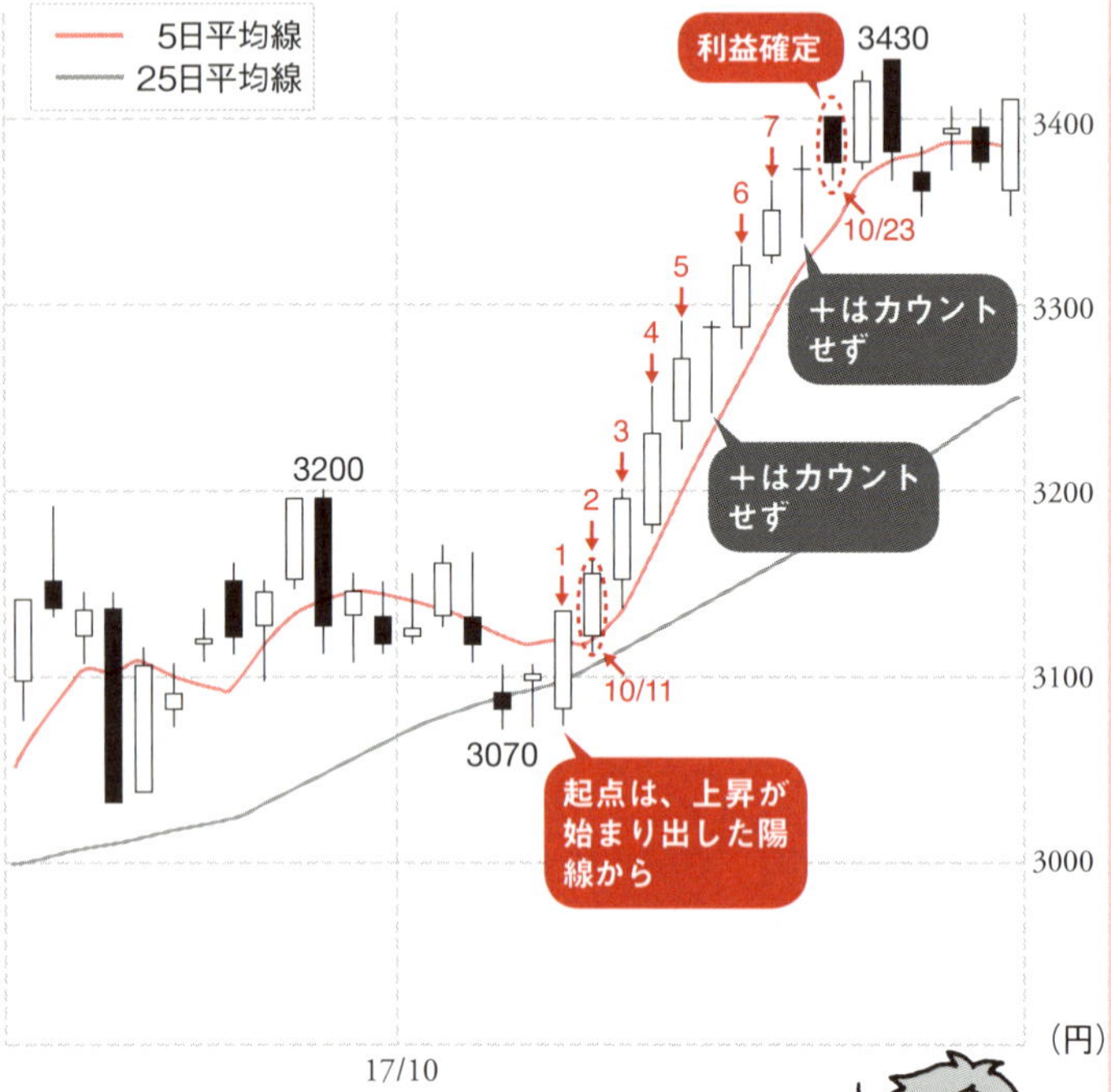

5日目以降の陰線で利確するよ

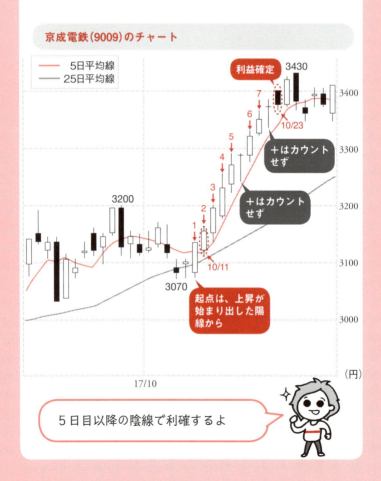

『ちょっと上級テク！　中期移動平均線の折り返しワザ』

ここまで高値・安値、節目、移動平均線などから、局面を考察するテクニックを紹介しました。そのほかにもう1つ、覚えておいてほしいテクニックがあります。

それがこれ。**中期移動平均線の折り返しから上昇・下落を読み取るワザ**です。

折り返しには2つのパターンがあります。

1つは、**中期移動平均線を上から陰線で割って、翌日陽線が出て移動平均線から折り返すパターン**。これは上昇サインとなるケースが多く、「買い」パターンです。

もう1つはその反対。**中期移動平均線を下から陽線で抜けたのに、翌日に陰線が出て折り返すパターン**。これは下落トレンドに入ることが多く、「売り」パターンです。

では、実際のチャートで見てみましょう。

まずは「買い」パターンから。小林製薬のチャートです。

小林製薬（4967）のチャート

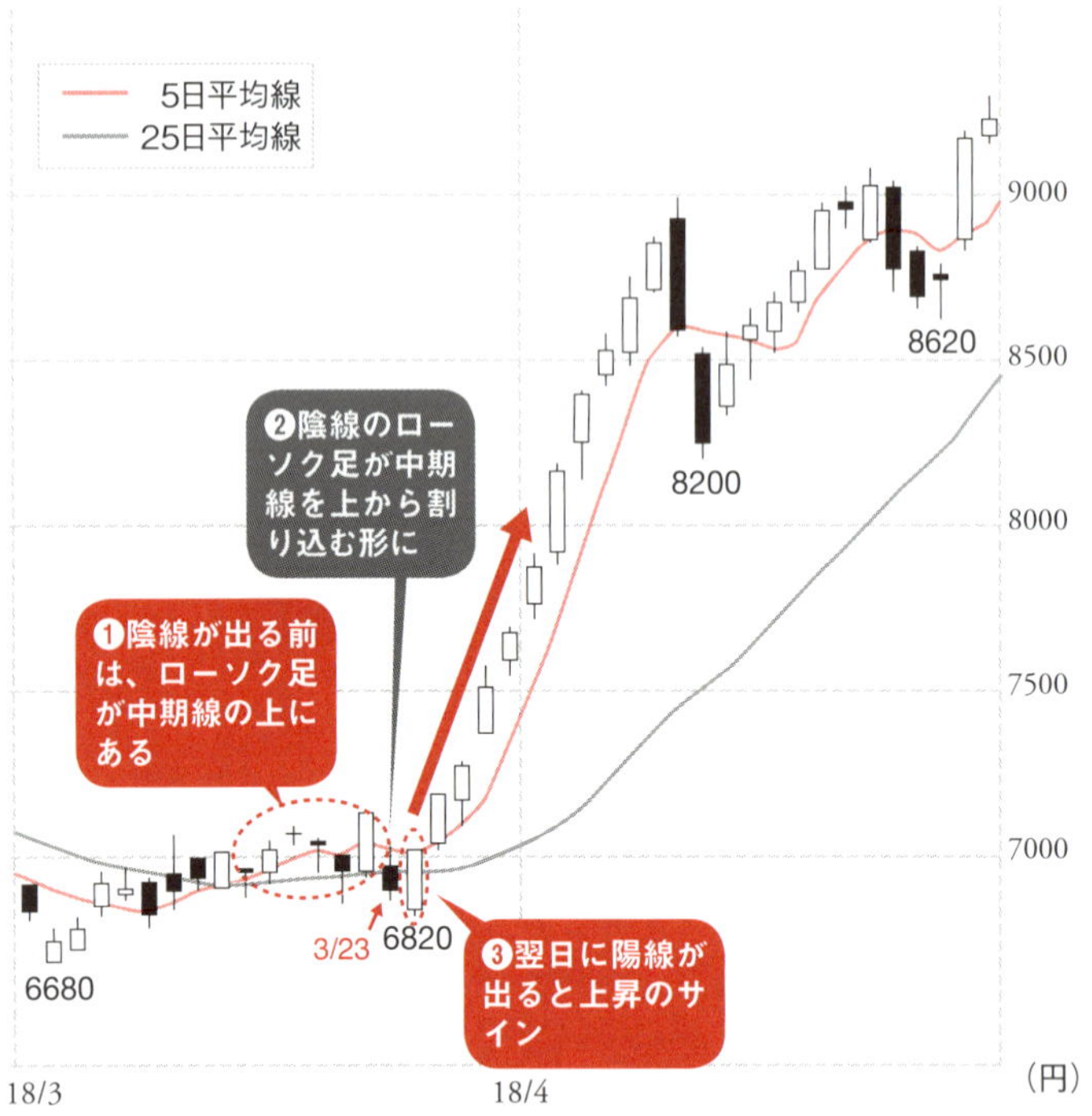

中期移動平均線の上から、陰線の割り込み。翌日、陽線の出現。このチャートの形を見つけたら注目ニャ！

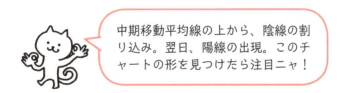

小林製薬のチャートを見ると、２０１８年３月23日の前まではローソク足の本体が中期線の上に並んでいましたが、23日は陰線で上から中期線を割っています。ところが翌日は陽線が出現。移動平均線を見ると短期線が中期線に近づくものの、下に抜けず、折り返しています。このような形になると上昇トレンドへとなっていきます。

次に、売りパターンを見ましょう。次ページの日立化成のチャートです。

２０１８年１月29日、56円高の終値２９９２円で引け、陽線が中期線の上に出ました。ところが、翌日、始まりは３０２０円と高かったものの、終値は２９３５円、陰線です。

中期線を下から陽線で抜けたのに、次の日は陰線が出現。一気に下落トレンドになってしまいました。これは、空売りで仕掛けるパターンです。

この折り返しのワザは精度が高いよ。ただし、こういう形のチャートを見て「中期移動平均線の折り返しだ！」とピンとくるには、見慣れる必要があるよ。

日立化成(4217)のチャート

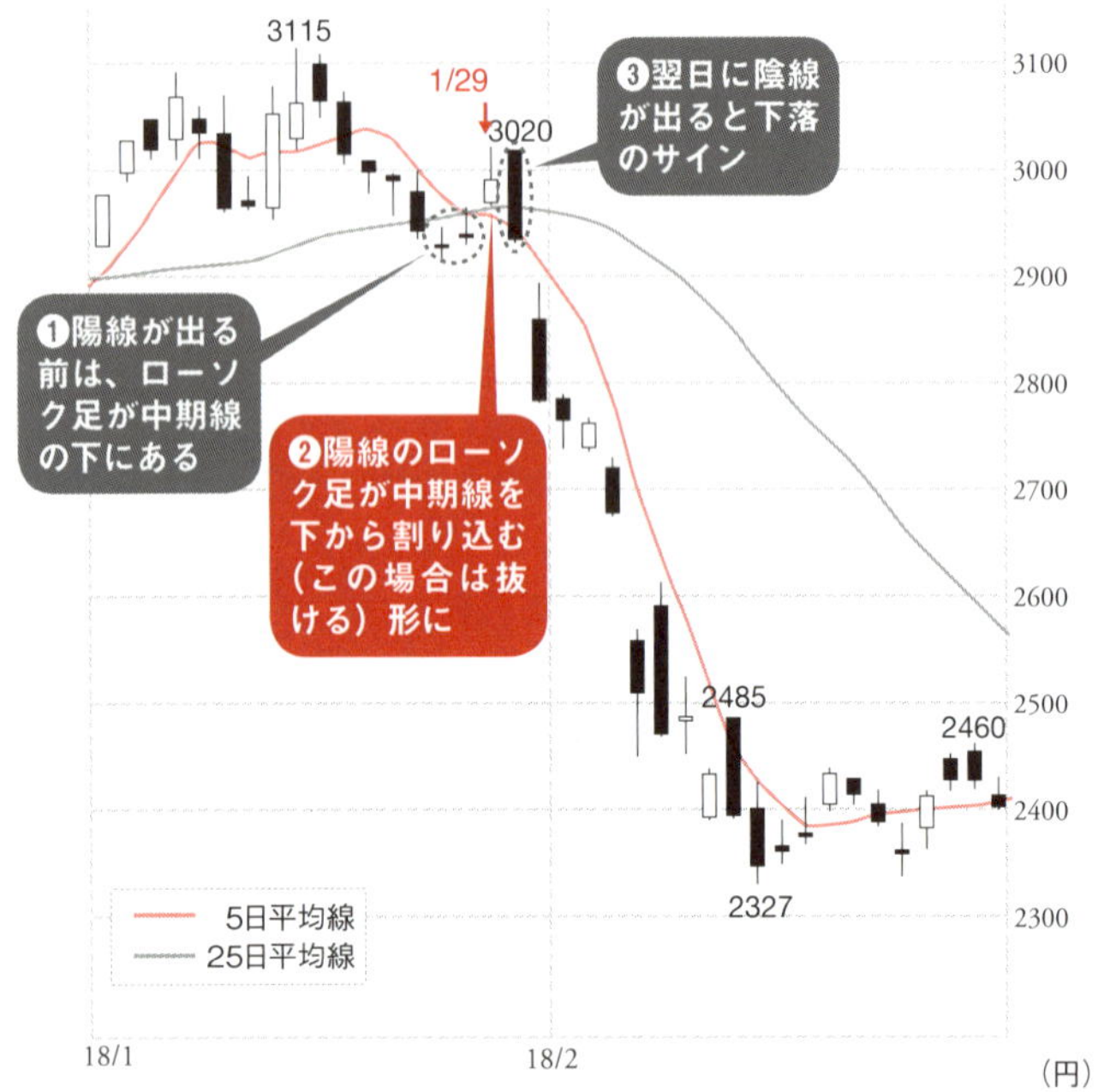
3115
1/29
3020
❸翌日に陰線が出ると下落のサイン
3100
3000
2900
❶陽線が出る前は、ローソク足が中期線の下にある
2800
❷陽線のローソク足が中期線を下から割り込む(この場合は抜ける)形に
2700
2600
2485
2500
2460
2400
2327
2300
5日平均線
25日平均線
18/1
18/2
(円)

中期線の下にあったローソク足が、陽線で上に抜けたら「わっ上昇トレンド!?」と勘違いしちゃいそうだよ

でもよく見て。大きな陰線が出て、短期線は中期線を下回ってきたし、ここは下落のサインなんだね

中級

Q4 リンナイ

以下のチャートで「中期移動平均線の折り返しワザ」（179ページ）を使う場合、どこが折り返しポイントになると考えますか？

リンナイ(5947)のチャート

ヒント！　中期線を陰線で割って、
翌日陽線で返した日を探すと……？

中級

A4 リンナイ

3月23日の陰線と翌日の陽線が、中期移動平均線からの折り返しポイントです。

リンナイ(5947)のチャート

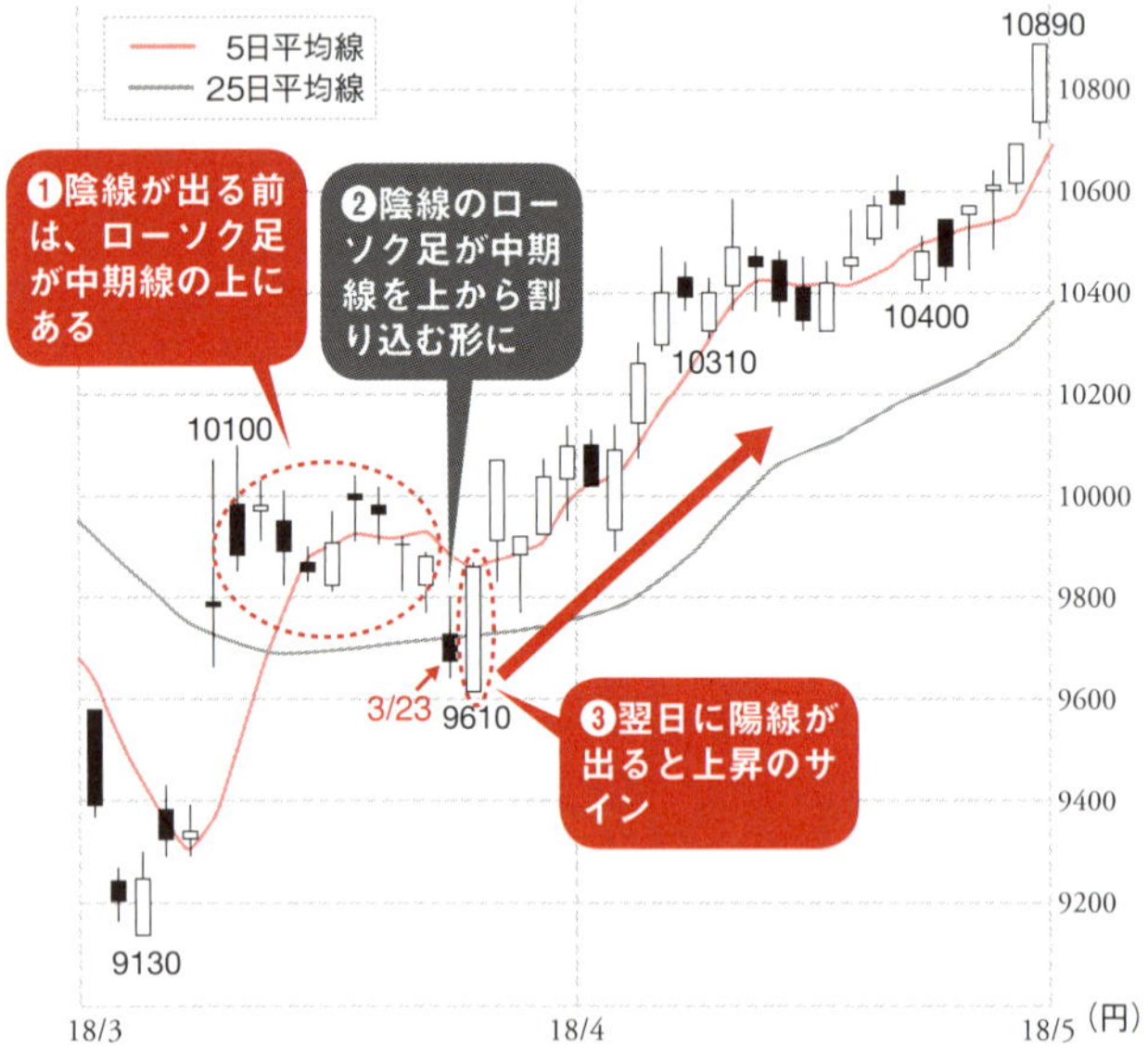

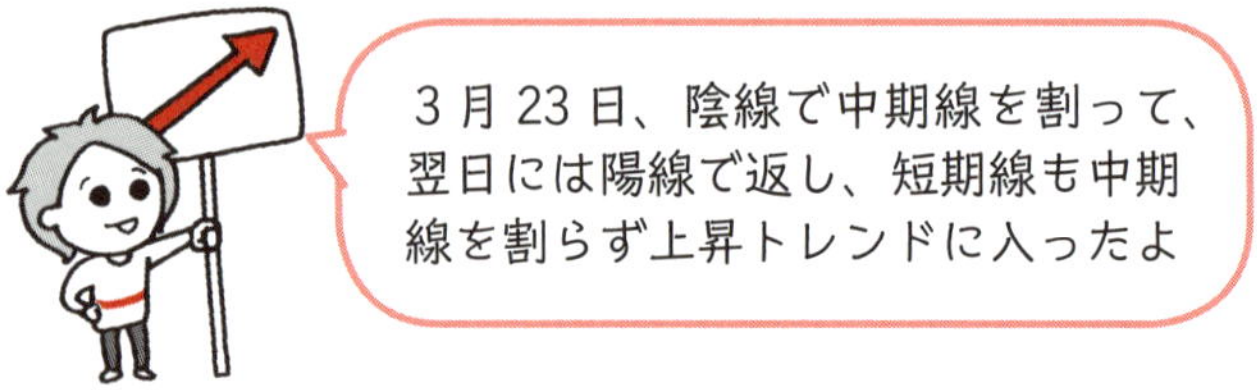

中級

Q5 住友林業

以下のチャートで「中期移動平均線の折り返しワザ」を使う場合、どこが折り返しポイントになると考えますか？

住友林業(1911)のチャート

2059
2017
1899
1878
1761
2050
2000
1950
1900
1850
1800
1750
1700
(円)
18/1
18/2
5日平均線
25日平均線
75日平均線

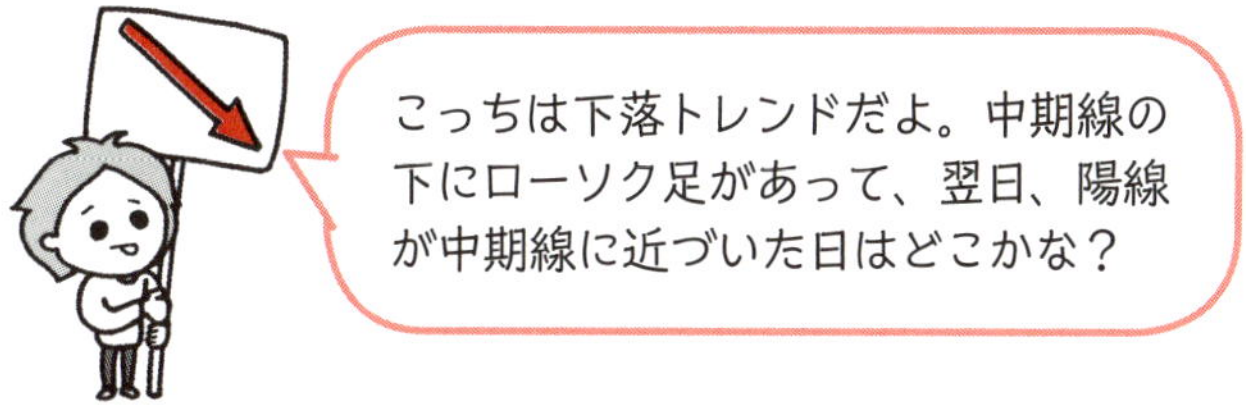

こっちは下落トレンドだよ。中期線の下にローソク足があって、翌日、陽線が中期線に近づいた日はどこかな？

中級

A5 住友林業

1月24日の陽線と翌日の陰線が、中期移動平均線からの折り返しポイントです。

住友林業（1911）のチャート

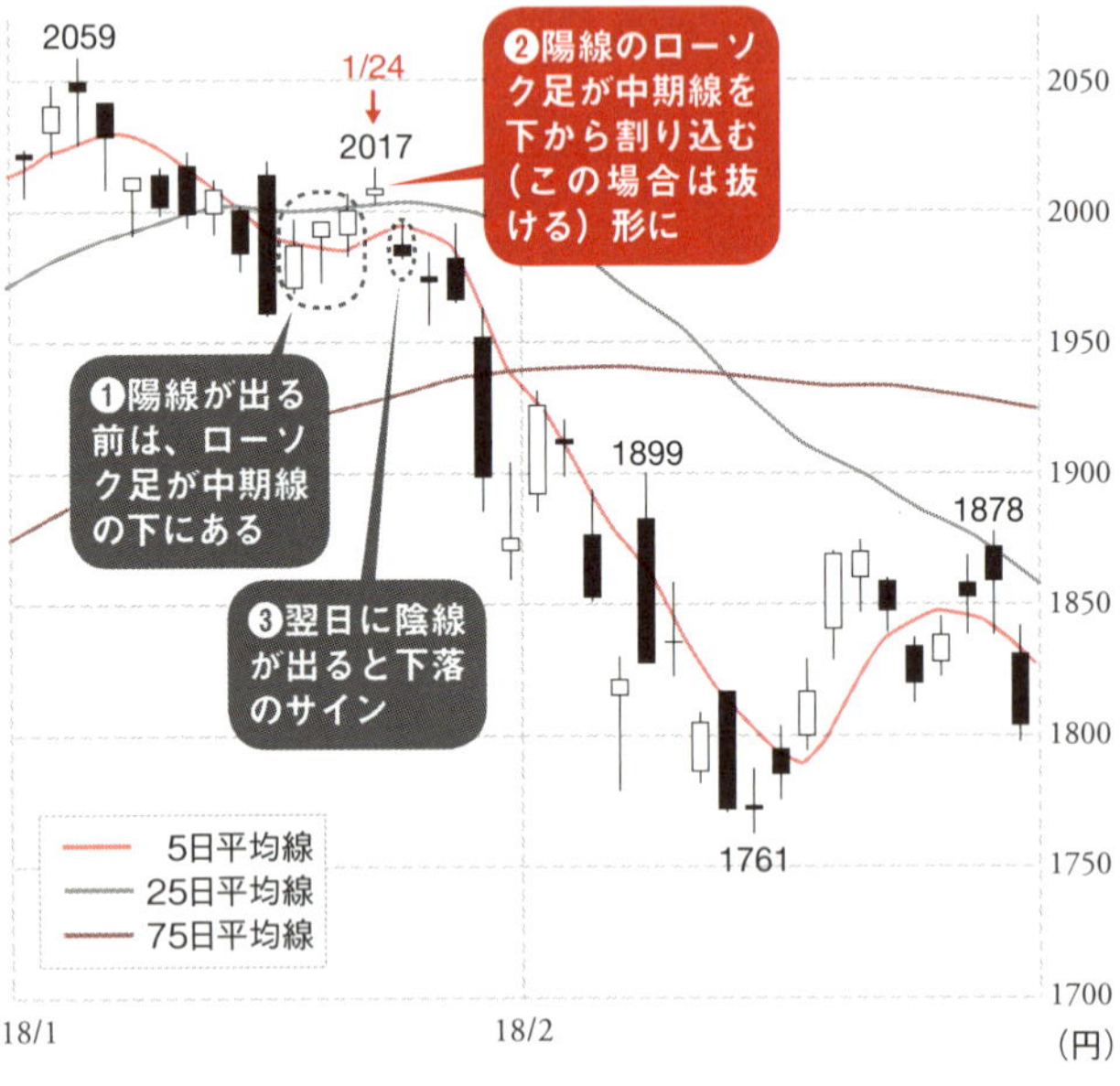

1月24日は陽線が中期線を下から抜けた状態。陽線が中期線の上にフワッと抜けて、翌日陰線が出て下がるという典型的な下落パターンだよ

あとがき

ここまでお読みいただいてありがとうございました！

「はじめに」で、日中の株価は見ない。こまめに売買をしない――極力、「何もしない」のがボクの投資スタイルだとご紹介しました。

実際に、ボクが売買をするのは月に3回ほどです。それは、チャンスは月に3回くらいしか訪れないから、結果として売買する回数が少ないということをご理解いただけたでしょうか。

ボクがこの本を上梓したのは、みなさんに株式投資に対する「新しい考え方」を知ってほしいと思ったからです。

では、従来の考え方はどういうものかというと、株式投資で儲けるには、日中、複数のモニターに張り付いて、株価の値動きを逐一チェックしていないといけない。こまめに売買を繰り返して小さな利益を積み重ねていかないといけない……そんなところではないでしょうか。

でも、1日中株価とにらめっこしていたら、自由な時間はありませんし、値動きに一喜一憂していては精神衛生上もよくありません。そのことは何度もお伝えしてきました。

さらにもう1つ、みなさんにお伝えしたいこと。それは、**株式投資で重要なのは、上がるか下がるかの「方向性」がわかる**ことです。こまめに売買して小銭を稼ぐよりも、さらにいえばたくさん稼ぐことよりも、値動きの方向性がわかることのほうがずっと重要です。**値動きの方向性を読む力が身につけば、一生コンスタントに稼ぎ続けることができます。**

その方向性を見極めるには、日中、株価に張り付いている必要はありません。取引終了間際の終値だけをチェックしていれば、値動きの方向性はわかるのですから。

そして、上がるか下がるかの方向性を見極めたら、あとは売買のエントリーをして、タイミングが来たら利益確定をするだけです。

ボクの生徒さんたちはみんな、「終値をチェックする、方向性を見極めたらエントリーする、タイミングを見て利確する」……それらの作業をコツコツと続けています。

それを1年間続けた結果が、ボクの場合は1億円あまりの利益となって表れているにすぎません。

あるいは、たとえ数字としていい結果が出なかったとしても、「方向性を読み間違えたのはココがまずかった」とか、「ルールに則って利益確定ができなかった」とか、自分のトレードを振り返ることができれば、1年前より確実に成長していけるはずです。**自分自身で前よりも成長したという実感があれば、それは正しい方向に進んでいると考えていいでしょう。**


そうやって、自分なりにチャートを見て判断して、株式トレードのイメージが少しずつ確立してきて、少しずつ「わかる」ようになっていくと思います。

でも、「わかる」と「できる」は違います。上昇や下落のサインを見つけること、そうして売買のエントリーをすること、さらには「ドテン返し」（117ページ）をすること――それらのことが「できる」ようになるには、勉強を繰り返すしかありません。

ボクは、**1日15分の勉強を毎日コツコツ続けられたら、それはすごい才能**だと思います。大変ですが、1日15分を続けられたら必ず成長していけるはずです。

さて、成長の速度は人それぞれです。たとえ今は結果が出ていなくても、**自分の中で一歩でも、半歩でも前進していることに気づけることが大切**です。

ボク自身、もっともっと成長できると信じて、毎日、マイペースでも一歩ずつ進んでいきたいと願っています。

本書を読み、株式トレードの道に一歩踏み出そうとしているみなさん。ボクと一緒に成長していきましょう！

みなさんの投資が、遊びやゆとりを楽しむ「遊活」の糧となるとともに、本書が多くの人が抱いていた株式投資に対する考え方までも変えるきっかけになれば、著者としてこんなにうれしいことはありません。

山下　勁

『読者限定のプレミアム特典』

本書を購読された読者に限定して、
トレーニングツールや動画を用意しました。

▼ こちらよりダウンロード方法をご案内 ▼
http://landing.fukugyou-academy.com/keikun1oku/

特典内容

特典1 株式投資トレーニングツール「STOCK SIMULATION」

▶けいくんが開発した株式投資トレーニングツールを1ヵ月無料でプレゼント!

これで株式投資の練習はバッチリだニャ!

特典2 出版記念セミナーに無料でご招待

▶けいくんが今注目している「観察銘柄」と書籍では紹介しきれなかった㊙情報を教えます

特典3 対談動画　けいくん×小林昌裕さん（副業アカデミー代表）

▶年収1億円の2人がレクチャー!　書籍での学びを実践に活かすためのトレーニング手法を伝授します

- 会社の給与だけだと不安……。本業とは別に、ちょっとでも収入があると嬉しい
- 実際に売買する前に、シミュレーションで勉強しておきたい

こんな方は、ぜひ特典を活用してみてください

※本特典の提供は、株式会社レベクリが実施します。
※お問い合わせは info@fukugyou-academy.com までお願いいたします。

【著者】
山下 勁（やました けい）

◎大学在学中の20歳のときに、株式投資を始める。初めての株式投資で、原資の50万円を600万円に増やすビギナーズラックを経験。ちょうどその頃、20歳からの２年間、束縛の強い彼女に軟禁されながら、「再現性のある儲かる株式投資」を追究。23歳で1200万円の原資を3200万円に増やし、25歳のときには、独自のテクニカル投資を完成させる。2017年の株式投資による利益は１億円をゆうに超える。
◎現在は「副業アカデミー」で株式投資の講師を務めるかたわら、ムービーカメラマンのアシスタントとして活動する。趣味は「ポケモン GO」。

【監修】
副業アカデミー

サラリーマンが本業と両立させながら、株式投資、不動産投資、FX、物販（転売）、アフィリエイトなどで収入を増やすためのサポートを行う。「収入の柱を増やし、人生を選べるようになっていく」ことを理念に活動する。

見《み》習《なら》いカメラマンのけいくんが
年収《ねんしゅう》1億円《おくえん》を稼《かせ》ぐ　月《つき》3分投資《ぷんとうし》

2018年 6 月26日　初版第1刷発行

著　者　　山下 勁
監　修　　副業アカデミー
発行者　　小川 淳
発行所　　SBクリエイティブ株式会社
〒106-0032　東京都港区六本木2-4-5
電話　03-5549-1201（営業部）

執筆協力　　小川美千子
装　幀　　井上新八
本文デザイン　　荒井雅美（トモエキコウ）
イラスト　　村山宇希
株チャート作成　　スタジオ・エスパス
組　版　　アーティザンカンパニー株式会社
印刷・製本　　中央精版印刷株式会社

ISBN 978-4-7973-9610-2